# 塵中得自在

治心 著

De Fu Publishing

網站: www.defupublishing.com
電郵: info@defupublishing.com

《塵中得自在》

Feel Free in this Mortal Life

作者:治心(Zhi Xin)

版權所有, 翻印必究

繁體版紙本書國際書號 (ISBN):

978-1-922680-20-4

簡體版紙本書國際書號 (ISBN):

978-1-922680-21-1

繁體版電子書 EPUB 格式國際書號 (ISBN):

978-1-922680-22-8

簡體版電子書 EPUB 格式國際書號 (ISBN):

978-1-922680-23-5

設計: Risa Liu

插畫: Keng Zhuang

出版: 德福出版社

2023年第1版

　　治心老師系列靈性詩集的又一部絕美華章面世:《塵中得自在》!有人說,這個塵世是個苦海;也有人說,這個紅塵充滿了誘惑;還有人說,這個塵情啊,讓我傷透了心!當然,也有人說,這個俗塵是我人生奮鬥的舞台。

　　對於這個凡塵,每個人都有自己解讀的版本,由此形成了各自不同的思想認知,進而化現為不同的人生面貌。然而不管一個人身處哪個階層,卻都無法拒絕痛苦之神無差別的公平對待。這個地球上的生命,其生活狀態被設置的一個大致參數就是:苦樂參半。福分小一些的,自然苦多於樂;福分大一些的,也不過樂多於苦。經典裡面講的恆常喜樂的狀態又有多少人真正達到?午夜夢回的淚水最懂得!

　　其實,人生諸多不幸的背後,無不是在提醒著你:該回家啦!那矢志不移的愛,便是始終在等著你的——靈!而治心老師的靈性詩集,正是對宇宙中最本源、最神秘的這個靈的破譯。借由其指引,你也終將可以在任何地方認出祂,並從中品嘗到真正的自在和幸福!

　　這個宇宙真奧秘,一切萬有本一體。沒人曾經被拋離,唯有觀念在自欺。宇宙原無你我他,是心分別結冤家。正是每個人的小我認知、是非分別,從而把原本眾生一體的大同世界,人為劃分得支離破碎,並因這種極度的分裂而造成內在的心理能量衝突,繼而向外投

射成我們每個人在現象界所遭遇的各種人生問題、家庭不和、社會矛盾、國際爭端，乃至全球危機。所以，解決人類當前的諸多問題和種種危機自當從每個人的心靈上來切入，概莫能外。

　　而治心老師的靈性詩集如同天外投入塵中的一道光，打破了僵化邏輯的局限和規範文法的框框，字字珠璣，直指人心，慈心悲願，敦請所有的呼吸連成一體，無分別，無你我，無內外，無時間，亦無流連往事，唯有當下，醉在玫瑰里！

　　生活中從不缺少美，而是缺少發現美的眼睛。治心老師倡導詩意生活，他的詩集涉獵的題材極為廣泛，任何瑣碎，信手拈來，即可成詩，就連一日三餐的淘米，亦成為他發現美、感受愛的筆下素材。因而就在淘米的當下，就在那個片刻，伴隨著全身過電般的強烈感覺，他即認出了那無所不在的愛，認出了你我他一直在尋找的靈魂之家，認出了那存在於一切的、萬物本源的靈！

　　這就是治心老師實證過來的無比殊勝的體驗，他把數十年修行實證而最終徹悟生命本源真相後的智慧解碼，毫無保留全都融入了詩里，他的每一部詩集都堪稱生命究竟圓滿智慧之修行實證寶典。當你沈澱下來，與詩共情，全神投入，醉在詩里，終有一日，你，也一定行！必將破除萬古探索與苦修之迷茫，並迎來豁然洞開之無上法喜！

治心老師慈悲喜捨，隨緣任運，以詩渡眾。一日，友人在微信上尋其聊天。其時友人適巧遭逢重大人生變故，原本深陷悲傷，於是治心老師隨機作詩開導。友人繼續傾訴，治心老師又繼續回復以詩，就此竟然一步步將友人從痛苦的泥沼拽出。直至聊天結束時，雖即時間甚短，但友人已是全然不同的心境，深感天地寂然，萬物澄明，內心充溢了滿滿的感動、愛和喜悅！

　　是啊，人在痛苦中往往容易迷失，甚而迷在難中恨蒼天，如若沒有智慧之光的指引，黑暗中，又豈能真正明白那煩惱即菩提？其實，一切所謂的痛苦，都只是虛假自我，因固守我執，而冤枉所受之苦，而這「苦」之背後，卻是更大的愛和慈悲——那是為了「喚醒」！治心老師的一句句詩文，即是一聲聲慈悲的喚醒……讀著這些充滿靈性的詩篇，有的人會哭得一塌糊塗，那是曾經迷途的羔羊被觸動了過往的心酸和一路走來的不易，同時又相見恨晚，人生走了那麼多的彎路，才最終在此刻，找到了精神的港灣；有的人則會發出爽徹肺腑的大笑，那是心靈深處分明感覺到了，從萬世的禁錮中越獄後，那種無以復加的狂喜！

　　治心老師極力倡導並踐行超越世俗、整合靈性的詩意生活，不斷透過清理陳舊的意識驅動以整合能量。終有一天，這個世界必將迎來聖賢文化的全面復興，宗教也不再落滿利益的灰塵。因為每個人都渴望一塊心靈的淨土，也都渴

望與自己的內在和解，更重要的是也都渴望能夠悟道、證道和得道，最終從這個凡塵中達致真正的自在解脫！

　　這就是《塵中得自在》這部詩集所奉獻給世人的寶貴禮物和慈悲心願！行文至此，意猶未盡，言未盡的，你能意會，因為，我們都是一體！

德福出版社

# 治心老師簡介

治心老師,字無遺,號治心。當代詩人、作家、思想家、藝術家、心相家。祖籍四川,自幼歷經諸多奇遇,致其三觀顛覆,進而開始探索生命真相與大道奧秘。後有道家師父不期而至,伴隨數載悉心點化。後又因緣所致修學佛法,迄今二十餘載,精進不止,種種殊勝,無以窮述。最終徹悟生命、宇宙之究竟圓滿實相。現以多重身份與角色演繹其生命之大自在。

隨著修行深入,他越是明理越是謙衝,越是懂得越是慈悲。於是明志以力行善道、慈濟大千、無有遺野!祈盼天下迷眾皆得自在解脫,繼而創辦九和九福教育,系統開發包括個人、家庭、社區、企業、學校、政府、民族、宗教、生命等九大板塊在內的全民九階進修課程體系,助力人類早日回歸正道、實現世界大同。

治心老師從客觀實相與生命本源出發,站在宇宙乾坤之道與生命圓滿之法的角度,提出徹底解決個人身心、家庭關係、以及各民族不同文化、各國不同執政理念、各宗教不同信仰之間五大矛盾的《九和新學思想》。

首創《三大心智語言》生命實相理論體系,研發《造夢藝術》《心相語言》《左右腦平衡教育》與《王者之旅》等系列課程,究極生命運作之奧秘,思想內涵無比深厚。其研發且親授的《九行運命》《九和之家》《九久鴻業》《九智領導》《九感明師》《九力學子》《九禪內觀》《九療全愈》《九

福人生》《生命真相》《眾妙之門》《行住坐臥》《圓覺中道》《心物一元》《大圓鏡智》等系列課程涉獵個人身心健康、家庭和諧幸福、事業騰達通泰、人生自在美滿、生命價值成就等方方面面掌控生命自由度的大智慧。

著有書籍《玩出大自在的幸福人生》《用心經的智慧找回真我》以及系列靈性詩集之《生命之舞》《我之一日平常》《塵中得自在》並已在全球各大平台出版發行。

治心老師的書法亦是獨具一格，其妙手所化現的彰顯皇家風範與貴族氣質的治心能量體，開內拙之先機，問生命之本有，玩藝術之童趣。

老師的每一幅作品都是在生命本源之威德自在大圓明狀態上書寫、表達、演繹而成，故每一幅作品也都蘊涵著至高的生命能量，盡顯老師所證天地自然、宇宙乾坤之究竟圓滿道法。

作品中的每一個字，猶如一個個鮮活的生命靈動而歡喜，蒼勁而有力，渾厚而通達，豐盛而圓滿，超脫而自在，神聖而莊嚴……富有極高的靈性、美感和神韻，耐人尋味，引人入勝，予人智慧，是提升個人心智與生命能量的絕佳之作，富含深刻的教育意義與文化內涵。

當其作品映入眼簾一瞬，心靈頓被攝受，

靈魂深受吸引，所見之人皆深感語言無力形容其作品之穿透與震撼程度，驚奇與嘆服的當下，已然知曉此瑰寶與心靈相通，甚是神奇與高貴，此等靈氣之作，實乃與生命為伴之無價臻品，極具收藏價值。

此為老師透過墨寶在修學者日常生活與工作環境中潤物細無聲地為其柔軟心性、啓迪智慧、淨化靈魂的慈悲心願，亦是老師之所以在百忙中，一直會抽出專門時間為學員量身書寫墨寶的初心所在。

老師將其實證之道高超而精妙地應機示現和隨緣傳授給眾多探尋生命奧秘的求道者，其大智妙用淋灕盡致地體現在講學與生活之中，其天地般寬廣的愛深深地感動著身邊的每一個人。老師慈悲喜捨、深入簡出、隨緣任運，是一位此生若有緣受教，生命便可了無遺憾的大圓滿智慧佈道者。

# 自我介绍
## ——無遺·治心

如同我們給天地萬物賜名
大至浩廣星系之天體、宇宙時空……
小至如這院子里的
這些樹、這些草……乃至那草叢之中的
那些小昆蟲……
它們也都有屬於自己的名字
只是,作為花草樹木本身,以及
這些小昆蟲本身,它們其實
並不知道自己已被人類命名
而作為浩瀚生命中的一個小小的我
來在人世間也一樣
在毫不知情的情況下
即被父母賜了一個叫「雲何」的乳名
其名何意,並不知曉
就如同那些花草樹木渾然不知
已被人類命名一樣
幼兒時的我,同樣並不知道
已被父母命名

然後,隨著肉身的慢慢成長

到了該上學的年齡時
我又被賜名叫「有貴」
其名究竟何意亦不知曉，只是
別人呼叫此名時，我便知道
哦，那是在叫我！
接著，隨著讀書學習和人生經歷的豐富
我之後天意識也逐漸形成
且在不知不覺間，在我的生命系統中
又孕育出來另一個人我
即所謂的人格自我

於是，我便以人格自我為我
在世間行走、歷練和修行
並隨著獨立思考的能力出現
我便有了獨立人格自我的獨立主張
於是，我開始自己為自己命名
最先想到的是開拓精神
所以在青年期，我便自命名曰拓宇
繼以此名號在人間歷練、修行
一段時間後，又改名曰治宇
隨著修行和悟道的逐漸深入
便又添一字號無遺·治心
此時的我，已經人到中年了

觀生命種類何其豐富,浩瀚生靈
更是無以窮盡,其相
其名亦是無以窮盡
經典言大千世界、佛剎土
猶如恆河沙數之多
那其中的名號,又有多少呢?而
名號本身亦並非等同於生命
所謂「名可名,非常名」
名號,亦無非一標籤而已
名本虛幻,難表真如

而人之一生追求學問
無非能求證得生命圓滿和究竟了義之
真理,抑或生命之真相而已
至於人世之虛名又怎可執著?且
那執著的因為何?又是誰
在執著呢?那個人格自我
是真我嗎?所謂
人之自我介紹,亦無非是
以幻說幻
以空道空罷了

序言……………………………………001
治心老师简介……………………005
自我介绍…………………………008

莲旨………………………………001
梦想………………………………004
乘愿………………………………006
行者………………………………008
贺喜………………………………011
禅心………………………………013
瞎聊………………………………015
扎染………………………………017
蕙质………………………………019
蘑菇国……………………………021
闺蜜道……………………………023
卿亲听……………………………029
同心愿……………………………031

| | |
|---|---|
| 同幻难 | 032 |
| 汇聚卷 | 037 |
| 海月之心 | 058 |
| 自樂恒常 | 059 |
| 神诚愛女 | 060 |
| 对话紫薇 | 065 |
| 天朗气清 | 067 |
| 中秋寄语 | 069 |
| 隐语画图 | 072 |
| 谁是玩家 | 075 |
| 我要揭露 | 078 |
| 移民消息 | 081 |
| 道破天机 | 083 |
| 入妙高天 | 096 |
| 沐雪慰心蕾 | 098 |
| 元旦祝祷词 | 099 |
| 自然食法词 | 102 |
| 疗愈冥想词 | 104 |
| 心明眼亮朗诵词 | 106 |
| 九和九福正心词 | 107 |
| 以脑侍心者自乐 | 111 |
| 与友聊天记 | 114 |
| 借雾话心绪 | 116 |
| 思想与状态 | 126 |
| 饮下这杯我 | 128 |

| | |
|---|---|
| 美化小世界 | 131 |
| 天府寄语 | 133 |
| 与友聊情 | 135 |
| 贫富差距 | 137 |
| 捧腹寄语 | 138 |
| 尊空飞雪 | 140 |
| 行愿要素 | 142 |
| 成事要素 | 143 |
| 调服有方 | 145 |
| 观影论道 | 148 |
| 对禅说 | 149 |
| 人生道 | 151 |
| 自警律 | 153 |
| 苦字诀 | 155 |
| 同心圆 | 160 |
| 淘米 | 161 |
| 插花 | 163 |
| 心经 | 166 |
| 通心 | 168 |
| 工作 | 171 |
| 心境 | 172 |
| 醉 | 176 |
| 善用上智 | 177 |
| 后记 | 261 |

# 蓮　旨

我決定撤除這八十八萬移動哨
還生命以美好，及宮殿隨身自在保
從幼童時代到如今不斷壯大
的盯梢，人類的底層
無法持久支撐的黃金歲月，以及
匱乏、攀緣、壓抑、自卑、狂傲……
四四方方的石規，廝殺與褻瀆
自我折磨與鎮壓
重回種籽基因之前的形態

還原小村莊之前的寧靜無爭
不！這遠遠不夠，還要讓村裡
那棵最大的樹
真正擔當起愛民的責任，同時要
拆除掉埋藏在土地裡的禁制
不能讓其再為弱者內心壓抑的
「隱惡」提供倚仗。總之
人民不能再把人民當敵人
更不能再為挑撥離間的內鬥提供土壤
物欲中的墮落要淨化成詩

村莊的內核應燃燒靈性的精神
焰火！還要有鄉村特色舞
更要有青春浪漫的戀歌

宙斯，你也不要老是蝸居在
奧林匹斯山上啦！要下到塵世中來
要和人民群眾打成一片、一起
吃喝玩樂。我想讓城市的鐵籠倒下
讓藝術的宮殿懸浮在空中
城市裡人口眾多，尤其不要再允
用物欲去誘惑和捆綁年輕人
更不要用金融手段一茬接著一茬地
去收割貧窮人的韭菜
不要在暗地裡肆意播撒厄運
我警告邪惡你不要得意
要警惕

其實，這次變革里所裁掉的
這一百多萬青壯年，很多都不懂詩歌
也都不懂音樂，甚至很多不會跳舞
如此洪大的一股生命力
那真是白白浪費了，所以我們的
藝術課堂要火起來，尤其要引導人們
將自身之靈性融入生活
要悠悠哉哉活脫脫；要慈祥慈悲
樂呵呵；更要嘎咂卟噠
嘶哈嚝

要把
尚武精神融進藝術的高雅姿態中
以及溶入鍋瓢碗盞盛裝的
飲食之髓中。還要讓
無形戰神之魂駐守邊疆國土
不應再有被閹割的人，人民群眾也要
整日玩兒各種手藝、工藝
等等花樣才藝。我們要積極推動
如斯之文明綻放芬芳
如此才能充分轉化和釋盡人類
各個國家、各個民族數萬年來
封印在潛意識里的
濁氣和陰霾

# 夢 想
## ——極樂導航圖

一朵優曇婆羅花
在海底開放,海的女兒
坐在龍床上梳理著長長的秀髮
她晶瑩的夢想飄向遠方
一古老傳言一直在說
那遙不可及的地方
是大海;就像烏雲
練習露出八顆牙齒
那布滿天空的笑顏里
藏著
渴望

海神捧起一朵潔白的浪花
親吻著每一滴水珠心中的小太陽
小太陽激勵著渴望回家的魚
魚兒拼命地游啊游
一不小心就
迷
了
路

魚兒們試圖放棄大海
去尋地圖
就在大海的殿堂里
水母銀色的帳頂映射一骷顱
永遠熱心的波濤喧響
向前漂吧，向前、向前……
再向前，一定找到大海邊緣的
峽谷，那正從峽谷崖上
興奮往下跳的瀑布
它會指引你
回家的路

# 乘　願

人之母體枕著一袋金幣躺下
神識就安住在其中
一萬年來依然保持著同一姿勢
她的兒女和另一個自己，一左一右
繼承並捍衛著這一光榮傳統
禁錮一顆脆弱的心居住在水泥里
證實了唯利是圖者，的確
看不見漫山遍野綻放的
生命之花

有人以一顆試圖變強的心
駕駛一輛四輪小貨車一樣的身軀
焦慮地上下班，並從前一輛大貨車
調頭的縫隙快速超越，又以飛的速度
越過關卡，然後，速度依然不減
沿著筆直的上坡路飛奔
我親眼看見在焦躁下，那輛小四輪
被路中的一堆黃泥掀翻
並沿慣性滾出很遠，所以
提醒一定要換一輛
穩固的敞篷越野

黃昏到來，敞篷越野終於醒悟
便在通往幸福的途中下了高速
獨自來到既美麗又陌生的心靈家園
夜晚降臨，又見一輛勞斯萊斯
在街上徘徊，因其被一股
莫名盛大的孤獨襲擊
於是我建議在他心靈的湖邊
置辦安居，好讓年輕美麗
守在房間里等他回家。而後
又因無法徹底交換孤獨，所以
她生了娃。最後的演變是
他既不忍、且不情願，故才發了
誓將孤獨虹化帶走的宏願

# 行　者

今日要感悟的課題是
押送「罪犯」去某處。指令就直接
下達在腦袋中，這是絕密
然後身體開始移動
進入場景——是一處豪華的場所
身姿曼妙的和粗獷有力的，一時在
幽暗光影中時隱時現……
整體氛圍是神秘
從服裝上區分，有明面的角色
也有諸多暗手配合

意識感交每一角落，顯露
每一處之可疑——
豪華的裝飾，機巧的佈置
可以溝通想法的燈飾和茶具
以及暗中放哨的咖啡杯，還有
潔淨如新的地毯，皆無一處遺漏
透過豪華窗簾向外看
樓下的暗手已經開始行動

黃金般的陽光藏在牆壁里
牆壁外突然就扣押了一名
所謂的「罪犯」。我從室內走出來
並沒有理睬這名扣押在牆壁外的「罪犯」
「罪犯」從何處來，又將被
送往何處？纖塵不染的本心讓我
看見自己不斷變化的外在。我明白
那個「罪犯」是主動將自己扣押
好讓我去抓他。同時
有諸多念頭閃過。我為難的同時
也開始質疑這所謂的任務，以及
每次執行任務時所使用的神身——
那些身軀很漂亮，且
法力無邊

是的，我這次所使用的身體
極為壯實，健美，年青，帥氣
高雅，又具無限神通妙能……
戰神一樣的綻放神奇光韻
周身活力四射，威武又柔和
但這都不是我要說的重點
乃是——我是如何擁有和融合入
這些身體中的？這才是重點
因每次去哪裡經歷，都會使用
那裡的不同身體，且無任何違和感
也不覺得奇怪或有任何疑惑

對，就是所謂的法爾如是
又或道法自然，抑或是
自然而然。懂了嗎？就猶如每天早上
你從肉身中蘇醒，你絕不會有
任何疑問說：我為何又在
這人間醒來了？一切就那麼的
理所當然，就猶如你不會無聊地
問自己為何會以肉體形式活著
如是去不同地方歷練，即在
不同的身體中切換著去經歷
我從一開始就沒覺得這一切
理所當然。但這依然不是
我要說的重點，而我真正
要說的重點是：為何
那麼自然

# 賀 喜

茶女一早起就留言：

靜心定意夜入坐
師駕祥雲護佑伴
能量灌頂身心歡
內觀肉身光柱燦
感恩師尊慈悲引
萬千語言怎表心
心性不對難對頻
但願我能持久恆


吾回：

幻劍高台矗立
鳴鳩款洽賀喜
雲檐風雨絕唱
篷窗絕塵纖依
瀠繞江皋雅麗
塔座龍盤虎踞

壯志定制情慾
童男童女側揖
人生暫短應惜
一呼一吸綴續
精進莫怠了畢
換個活法高去

# 禪　　心
## ——認出祂活出祂成為祂

紅塵之里，地表之下，非明面上架著橋
連接起兩大界山，無計無量的生命往來
房子坐在水泥上，世界藏在眼睛里
美妙的聲音鑽進耳朵孔，血液透析
淨化著空氣，熱戀的倩影撐著小傘
接吻，飛鳥在樹梢上鳴叫
有曼妙身姿起舞，旁邊是一天然
湖。我因住在三十二樓頂
故得雅號：雲中隱士

房間四壁綻放出無比神奇的小世界
可見廣闊的大海、雲霧繚繞的
山崗，還有無垠的田園
大地開滿美麗富饒的各色花朵
天道循環往復，細胞在新陳代謝中
分享著喜悅，神經系統時有
過電的感覺，有時卻是
電閃雷鳴

風從陽台吹進客廳，彼此會意

也就不需要言語
沙發有時會陷下一個個屁股印
頓時真愛縈繞，卻也同樣無聲
無息，而且不覺擁擠，相反還有
落日懸掛天涯之舒朗
雖身處鬧市，心卻
空曠寂然

如同意識之流，小世界的風景
亦隨之變化。美麗天使蓮花式
盤腿坐下，寂靜浸潤的蒼松
圍坐的群峰上也坐著雲
湖光山色，若串珠
映面色桃花，所有的呼吸
連成一體，無時間，亦無
流連往事，唯有當下
醉在玫瑰里

# 瞎聊

友打招呼：有點冷哦！
吾調侃：

　　凍凍自然好
　　動動身體好
　　不凍欠豐收
　　不動活不了

友：你覺得某人靠譜不？
吾：

　　某人不容易
　　身縛麻煩戲
　　幸得意志力
　　一生多磨吉

友：你對某修群的整體狀況怎麼看？
吾：

　　糊塗盲客多

越攪越渾濁
　　難見真清者
　　錯指本尊舵


友：那怎麼才是有把握的？
吾：

　　船過水無痕
　　鳥飛不留影
　　心動如波動
　　得妙守根本

# 扎　染
## ──看光紛扎染視頻

一張老舊的床單，穿越
N多年後，鑽進了手機屏幕
那垢跡，頑冥不化
即使將時間撕成碎片
也把它莫奈何，就僅能
在「舊習難改」的淒惋中
深深嘆息

閉眼。睜眼。心緒動蕩
搖晃無盡失意
輾轉的哀傷
沿著眾生的執念爬上
爬下，就如同
一白一黑倆蜘蛛
捂著
二元分立的痛

眾生啊，你的牽腸掛肚
萬般之苦
豈不就像這張

早該扔掉的舊布
欲緊抓在手的星芒
盡數漏光
唯有那執念
只增不減

感嘆之余，卻未曾想
手機屏幕再次切換
展現眼前的，竟是一張
靚瞎眼的著了新彩的布
那瀰漫開來的神奇
嘎呲一聲……顛覆了
億萬年來
眾生難度的判言

# 蕙質

第一次走進那槍管的世界
竟然相遇一群撒歡的狗
接著拋撒狗糧，選出首領
然後再將作為守護者的責任予以交代
於是，當公主走進房屋與王子約會
那狗首領便威風凜凜地
搶先守在其門口站崗
沒有人可以打擾，唯有
祝福的玫瑰可通過

那是一座渺空煙遠的島國
除了風景如畫的皇家園林
還有那美麗富饒的土地之上時刻
刷新、變化的自然風光
……
王子與公主用鮮花打造出
世界上最浪漫的廁所。其中
有四季常青的矮松與修竹、卵石與流水
蔓藤沿壁攀爬與四季交替綻放鮮花
再加全智能坐便器，再加立體聲

環繞最佳音質的智能音箱
更有別具浪漫情調的
淋浴設施

廁所牆壁是單向視線的透明玻璃
玻璃牆外是曲徑通幽的小河、叢林
其河由多條小溪匯聚而成
河道岸兩邊栽種各種花卉
一年四季,皆芳香四溢
閒暇時可滑小船、沿小溪河流
觀光、寫詩和採摘

玻璃牆連接著王子的住所
花紅柳綠相襯,雕欄玉砌相托
疊石成山、翠羽明璫
鸞鳳呈祥,詩情畫意
明月高懸時
遠山輝映,重整妝飾
目注心凝,那聖潔之韻
更是令人沈醉

# 蘑菇國

傳說中,有一蘑菇國
那裡的蘑菇長得比上千年的古樹
還要高大。蘑菇國王的皇宮
就坐落在一片紅色巨傘一樣的
蘑菇叢林中

蘑菇國里有一位最美的公主
她的名字叫娜閣。娜閣經常在
夜深人靜時,一個人
來到蘑菇叢林唱歌
那婉轉悠揚的歌聲,帶給人
神奇、幸福美妙的感覺

蘑菇國的臨國莊有一位王子
叫啓睿。啓睿王子風度翩翩
瀟灑帥氣,每當他聽到
娜閣的歌聲,心弦便被那美麗歌聲
深深觸動,情至深時
王子的眼角便有眼淚滑落
不知不覺間,那淚竟然顫動成

最高禮贊——
一滴淚就如同一顆珠寶
它使得王國里的居民人人
心花盛放

這啓睿王子的宮殿，是在
蘑菇叢林的更深處，他是特意
為自己選擇了這樣一處清靜之地
來安放躁動的心。每到黃昏時
啓睿王子都會來在蘑菇國
靠近河邊的叢林，靜靜傾聽
娜閣公主唱歌

那歌聲令他
歡樂，也令人深思
那跳動的心律寄語那些
幸福的人，也寄語那些苦難的人
並讓世間所有人都能感受到
隱藏於人心中的美善與醜惡

# 閨蜜道
## ——飲欲兼說情之送友人婚合禮

欲合而成胎坯
此之謂造人
情合而成佳眷
此之謂造愛
神合而煉仙身
此乃合閨秘
故雲：
飲欲而合者
凡夫俗子
飲情而樂者
服氣地仙
飲神而昇者
得道高人

附：私慾情
何為私？何為欲？何為情？

# 何為私

私乃圈養自我之囹屋
亦如春蠶作繭自束縛
斯是佔有欲之高祖
縛之猶剛鋼城牆堵
其狀如煙如迷霧
妄想欲色共纏束
再合業浪生子女
其子名欲獸王
其女名大情妄
女以無明愛水為體坐情罡
其子圖霸故成狂
子女亦各有後裔
欲子後裔謂"佔有"
情女後裔謂"愛洩"
佔有管轄六識體
愛洩則統七情腺
繼之六識七情成一伙
再合後天觀念成自我
自我多以妄想為事實
常以耳甞之聞為根據

以妄想分別論是非美醜
並順妄業而動根身精
繼而發作狂亂諸多行
幻呈種種形儀，此即
"為私為我"病

# 何為欲

呵呵……
妹妹、哥哥呵
我要告訴你
下屍樂欲情水濁
此物妒痴迷糊拙
天河之水朝下落
混入貪恰成糞坨
其間夾雜傲慢氣
凝氣成雨往下落
此雨即是欲

呵呵……
妹妹、哥哥呵
情色滴水可興波
哥哥妹妹唱情歌
陰陽相促雨激情
妹盼哥哥不要停
呵呵……
妹妹、哥哥呵
我要告訴你

欲如蛇吞象
欲海之深難想象

呵呵……
妹妹、哥哥呵
我再告訴你
情慾實難分
萬物從欲生
呵呵……
妹妹、哥哥呵
我再告訴你
三界六慾天
煉欲可成仙

呵呵……
妹妹、哥哥呵
我慎重告訴你
人體實為提煉器
可以提煉精華氣
淬琢
便成芳香浴

# 何為情

情曲潤心孕穗勤
痴拙障蔽本元靈
運情上升化真炁
墜落則化氣血精
若攜激浪而歆淫
必至痴迷困情惑
然而情水亦可用
就看尊心如何動
因情圖佔現貪嗔
煉欲化神可高昇
此非洩情亦非抑
乃是煉情合元神

# 卿 親 聽
## ——透過一首歌曲造訪七寶如來

那旋律中的長音,擊穿海底封印
混合火燙的岩漿,從火山口
噴湧而來
那是生命本源的呼喚
唱音中攜帶著母親子宮的一灣羊水
頓時化作萬千思念
無數溫柔極致又淒婉的雨滴
鋪天蓋地降落
接著又是一頌和著一頌悲切的吟唱
那唱詞略帶催促卻又無比優美
如同海風簇擁著海浪
厚重的土地頓時心潮起伏
雙眼湧泉狂奔
那噴泉綻放的不是花
是咸咸的液

接著
漫天曼陀羅灑落
一時,固執的人間執幔似乎被撕碎
粘著大地的雙腳騰空而起

同時得見正在高級狩獵廳里
圍堵掠食的饕餮們傻眼了
沒有了得意，只有恐慌
隨即，那長音
又一次穿越而來
似乎又見萬萬千千妖獸潛入海底
須臾之間
大海又升起朵朵巨鬥荷蓮
並隨著那歌曲末尾的
降音
漸漸隱去
而此時在沙灘上剛睡醒的海獅
卻有點兒懵圈
因為
它有感覺自己睡著時
似乎錯過了什麼……


附：該詩因聽上海玉佛寺唱頌歌曲
《七寶如來》有感而作

# 同心願
## ——賀中秋

敬恭滿月酬
祝愛心中留
親語跨時空
人間徜徉流
中道擇優游
秋來悅豐收
快解亂世憂
樂然輕悠悠

附：
候至薰風滿壑再加遍野果
不忘終日抱持慈悲慈祥坐
世間是非排場多
無非藏識推遷因緣搓
身不由己問得幾多收穫
善經營者種因不重果
今宵蓮開淨污濁
順此醉月一同樂
活的祝賀

# 同幻難

——2012年4月16日廖愛娃手臂不幸摔骨折,映射同心多人同受業鎖……

廖言:好難過……
吾回:悟因

一切存在皆奧妙
每一事件皆有道
惡風摧苦愛兒姣
亦是命里有此遭

廖言:你倒是說得輕巧
吾回:深觀

汝兒同是吾愛娃
此有依據在雲塔
不必揪心會煩惱
大愛大慈沐小家

廖言:扯遠啦
吾回:深省

解析緣情心境深
智性飽滿隨緣行
不論你在做何事
亦如貞韻芳愛沁

廖言：無語……
吾回：淨念

眼前存在甚好玩
好象是個能量環
你若愛出花兒漾
轉瞬就返你身上

廖言：咋整……
吾回：落實

福田深耕愛滿圓
樂樂呵呵豐盛現
經歷或見一切者
不幸同樣順因緣

廖言：這界啥心境……
吾回：落定

無論做何都有益
此中奧妙慈愛喜
無論做何都無趣

此中因由無愛濟

廖言：繼續……
吾回：安住

心間定要充滿愛
一舉一動莫放怠
越是慈悲越滿喜
越是知足愈多彩

廖言：努力……
吾回：安放

內心常見慈悲添
吃飯喝水亦愛謙
雖然肉身在人間
怡然妙態猶真仙

廖言：真妙……
吾回：如是

行事多觀照
深內有真道
事事內藏竅
時刻歡喜笑

廖言：釋然了好多……

吾回：真好

坐進如意道
照體三分妙
世人迷顛倒
越看越想笑

廖言：請您點評一下
吾回：呵呵

今看這條道
毫光閃閃耀
直上雲霄瞧
迷者真不少

# 匯聚卷

## ——聊天內容整理……

### 1

百合貞問：關於某主體變更事宜
吾回：

一場戲，立面無言
雲起風隨，塞一袖迷塵
問心何故鎖方舟
聽一角細語蟲鳴，和一聲私曲
恨難無我，邊鼓同應
荒身連海海連天
英雄本色覆塵煙
可憐王者入心獄

漏宇小巷，只剩些許淒涼
不堪追念浮萍蹤浪
三千世界把泥渚
仁者無敵漸遺忘
精進常遭人心阻
幾曾豪放笑江湖

只隨身迷蕩
虛度了多少時光


2

吾與順共飲，余問：何謂
大方廣華嚴茶？
順言：禪茶一味，您看茶是禪
道看茶是氣，儒看茶是禮
商人看茶是……
……
余復：
茶道茶機茶氣
真諦俗諦中諦
一二三三二一
含容微妙不異


3

與亞哥等眾駕車去廣西南寧辦活動，
返回途中清文問：世華事功，
積德何運眾？
吾回：

此功靠德建

運眾啓大願
但觀最上緣
寶德資糧缺
………
細查雲中跡
九大體系聚
人心各有圖
雲何破此局


4

與孫兄於室外露天茶廳品茗
賞景，孫兄嘆工作等
諸多不如意事……
余道：

穿梭紅塵幕
我攜愛花讀
但見愁雲霧
暖花開滿樹

孫問：有何囑咐語相贈？
余回：悠闊

忙時井然序
閒時悠然喜

順時謝天地
　　逆時多反思

孫言：利害得失持何心態？
余回：隨緣

　　得之心敬
　　失之安靜
　　人捧淡定
　　貶則樂迎

孫言：無為無爭？
余回：無住

　　隨順自然
　　趁時種檀
　　空性起演
　　隨遇而安

孫言：不抓取？
余回：善取

　　把握時機
　　緣隨性喜
　　輕鬆灑脫
　　機緣莫錯

孫言：守株待兔？
余回：內獵

隨緣隨喜
視其所以
觀其所由
反思自己
察人所安
返身回看

孫言：雲何識人？
余回：析辨

聽言觀所行
察內考心境
觀其心所安
到底為哪般
所愛或俗雅
再從言論判
由外到內心
全面要查清
觀察一個人
不可偏了心

孫言：雲何種智？
余回：悟道

天庭滿金光
俗情不見已
悠然合道喜
穩然高妙奇
若是無貪求
自然得妙意
那些有漏者
早已提醒及

孫言：玄
余回：如

撥開林影霧
打破舊塵堀
分雲度高樹
見妙悉格物

孫言：請言妙用
余回：體化

自守神聖地
雲授美心依
慈悲殊美影
自成莊嚴境

孫言：請言行功
余回：精進

瀉卻銅鑛著
　　自得光明珠
　　朗透雲澈微
　　毫光散漏疏

　　孫言：贊嘆
　　余回：呵呵

　　斯吟悟道語
　　隱隱啓妙訣
　　隨渡春秋客
　　呈示真如卷

5

小君愛女不愛學習，攜女來
找吾開導……在聊了諸多學習興趣
如何養成的話題之後，
吾評小君千金，道：

　　嬌氣獅子憨
　　柔情綽態歡
　　調皮又貴氣
　　蘊心甚嬌婉

小君搖頭嘆笑,接著轉移話題
說夫妻相處經常爭吵個不停的話題……
余言:祭口

  話到嘴邊勿急言
  張口之前暫緩歇
  惜言慎語說關鍵
  自身過錯莫狡辯


6

傭均微信傳來課程錄音,問我
聽後感及其建議
余回道:

  傭均好聲音
  公天孕成曲
  寄語甘美趣
  應立主題曲
  依愛洩塵心
  如雲露朝霞
  詩意生活佳
  油鹽醬醋茶

# 7

瑞華微信道：
唐在會場說我已進入新時代，
喉結已發光，讓我找到愛，
擁抱愛，成為愛！讓我去做
無差別的愛，成為耶穌。
余回：


清風正雅，晴心蓮湖
綻放光彩，萬節筒骨
再上高台，戀雲甘露
悟道歸真，尚德謂築
借寄身樞，利他無休
啓迪眾姝，整治污渚

瑞華微信道：
老師，請賜予新的名字吧，
我好時刻提醒自己。
余回：


閒淡無妝淡溪水
瑞華本出百花魅
江空無畔海潮退
覺悟利他自換回
賜字賜名本謹嚴

落於隨便恭敬缺
　　游幻尋真自修煉
　　若能領受用妙潔


8


朱問：受用顯化之事……
余以「但行好事，莫問前程」為要義回之：

　　上緣若甘露
　　福祿於中出
　　蒼蒼瑞氣沐
　　此即善德路

　　反之
　　纏緣擾心柱
　　昏昏一團霧
　　無德怎載物
　　福盡自來苦

　　怎辦
　　了凡有四訓
　　吾輩應修習
　　但把善事行
　　利他能轉運

## 9

長珍發來小詩《密碼》，詩曰：

花兒綻放，鳥兒呢喃，蟲鳴蛙叫，
時間拉開帷幕，歡樂和
歡樂同游，喜悅與喜悅同伴，
過去與未來都在這裡。

我們迷了，深情與無情
捆綁，傲慢與恐懼合體，只相信
倒影中的世界。
醒來便醒來，愛就愛，哭泣就哭泣，
在集體意識的圍牆里，
等風來。

吾回復：

    氣爽妍姿妙
    思路活蹦跳
    真人入迷宮
    風笛一心邀

## 10

笑嘻嘻王美仁微我,說她對放下
目前收入頗豐的工作來加入九和,
是不是正確決定?讓我瞅瞅
看她是不是做這個事情的人,她說
若是沒瞅過的話,就覺得
這個心沒有安全感……
余回:

　　　　去歲因緣續
　　　　上古曾演繹
　　　　逐夢寰宇間
　　　　世界大同劇

## 11

秀雲:咱們前時會面還真是一見如故啊!
余回道:一切皆緣份使然。
秀雲:能描述一下你當下的狀態麼?
余回:

　　　　神識或若懸雲梯
　　　　一不小心就捨離

稻香村裡濯清溪
　　　塵情之力難維繫

秀雲：我能助力麼……您用什麼與人系？
余調侃道：

　　　若想留我人間憩
　　　最好還我小弟弟
　　　若是真心不入流
　　　果然想留亦無寄

秀雲：那你的真心可願為俗世聲名之事
而令肉身繼續留在人間麼？
余回：

　　　逍遙自在兮
　　　去留皆無意
　　　安住當下兮
　　　有愛常相依
　　　世俗名利情
　　　實難將心寄
　　　若是使命系
　　　因緣自然集

## 12

傅曰：

無遺治心，胡哥傅姐，此時此刻，最為感恩！

青城山凹，徐揚母子，珍華小院，九和之家，三堂課程，化解咱倆，心中堅冰，重溫家馨，老人落淚，兒子歡雀，無盡金錢，最是難買，此刻溫暖；昨晚胡哥，心對傅姐，掏肝掏肺，紫氣東來，生命九年，歷經磨礪，九死一生，九九歸一，重新啟盤，老師治心，已注靈魂，此刻當下，最壞景況，所有因緣，皆做鳥散，咱倆孩子，徹心疼痛，堅信紫氣，下個九年，青春少年，意氣風發，悠哉活脫，慈祥慈悲，樂呵景象。

上天垂相，已非是夢。

無盡言語，最是難表！

傅姐向來，從小到大，不善言辭，勤快乾活，默默無語，最是表達……老師團隊，此刻歸處，一切隨緣；無為自在，為而不爭，無盡緣起，無盡緣落，沈沈澱澱，最終石出。

願駐紫氣，隨時恭迎

傅姐胡哥，深夜唯祝

余復：

眼前所發生
皆是心投射
一切無對錯

只是能量弱
一旦困命中
確實不好說
若問怎麼辦
返回心上做
順應自然道
多聚善德果
陰差或陽錯
無怨無悔活
清除心間霾
等待花期來

13

元倫一早為余詳細介紹智慧資本
余看過資料後亦覺不錯，於是
以「大智大善」為題回復他

智商行大善
慧然能量湧
資財平如水
本應常流通
值守慈悲心
得力負債平
大善用真情

力在圖共贏
推度廣前程
進退皆天數

14

武姐微信道：

去年九月份，一個靈魂的召喚，聽了您的課，感受到極強的心靈共鳴，後來再見面時，便感受到一種家人的感覺，（當時聽說您已有家庭，只能當家人了，不敢有非分之想）心想，找不到靈魂的伴侶，找到一個大愛的家也是一件值得慶賀的事，回家後不久便篤定要回到這個充滿大愛的家，回到這個空空如也的家，回來後，竟然發現：

原來您也是獨身一人？！

余道：

心趣淡淡，花兒爛漫
一簾幽夢莫寄期盼。雲生逐夢
唯演真相，春回大地稱心贊
汝今入住九和廟，真正好
清溪煙雨樂逍遙
觀音至淨水，一穹甘露澆

灌江海、注地竅、滋養生命萬千妙
是謂靈魂在感召，大江
大河雲生潮，耕泥萌新苗
尋道、悟道和證道
翱翔九天問秘籍
雲何綻放生命寄詩語
悠悠哉哉活自己


又一次，武姐姐微信道，剛才
眼前浮現一幅畫面：

一片森林里，
樹木高大挺直，
小溪清澈見底，
靜靜地流淌著，
一縷陽光，
透過樹的縫隙照射下來，
那麼寧靜，
那麼美。

好像你我就是那些大樹，
高大挺拔，
生機勃勃，
用我們的高大偉岸為孩子們遮風擋雨。

好像你我就是那條小溪，
那麼平靜，
那麼清澈，
那麼滋潤，
用我們的愛滋潤身邊的每一個人。

好像你我就是那一縷陽光，
那麼溫暖，
那麼光芒四射，
用我們的光照耀需要的人。

好像你我就是那些小草，
有陽光的照耀和溫暖，
有大樹的遮風擋雨，
有小溪的滋潤和安靜，
生機勃勃地綻放生命。

好像你我就是那些石頭，
靜靜地躺在那裡，
享受陽光的洗禮，
享受雨露的滋潤，
享受小溪的衝刷，
仍然那麼堅硬，
只是更加的圓潤。

好像你我都在那幅畫里，
彼此分享，

彼此溫暖,
彼此照耀,
彼此滋潤,
彼此綻放,
彼此相守。

余閱之即回:

開眼一幅畫
意境無復加
森林喻種智
天地內骨架
更睹清溪流
滋潤你我他
千般妙趣兮
魂身映彩霞

15

朝霞園長:
　　感恩您的大愛支持,您的學生剩珠、劉聯、湛青三人都非常優秀,對幼教的理解也很到位。在由我園承辦的這次名園長工作室中,表現特別棒!不論是準備工作還是活動過程的主持或組織,都讓參與者非常敬佩和贊賞。
　　余回:

剩珠和悅靈妙
天源下行光照
劉聯火蓮激進
燃情育化冰精
湛青君子氣正
正解情執枷鎖
借此寄語朝霞
智地蓮開萬朵

朝霞園長：
您為幼兒園推薦的音樂，我已
請趙幫忙製作成小播放器了……無限感恩！
余回：

余聽遠古音意
幽冥聲遠傳遞
今對朝霞幼兒
須是方便開啓
早教中正適宜
童蒙養性真諦
填漏教育功利
智性在在落地
重在啓迪本有
音律是好法器

## 16

景月微吾道：
我遭遇到一惡人，一直擺脫不了，
我甚至以命相搏也都沒法擺脫他，
我該怎麼辦？
余回：

  冷身遇狂顛，苦聚緣苦因
  悲心呼夢醒，貪嗔懸絕品
  開懷淨煩惱，看破去煩情
  自我須反省，自潔清淨靈
  惡人有惡制，何必纏不清
  慘悲霜月影，抽身為上策
  世間有法度，用之制惡行
  問他何主意，能了則了清
  只要不負債，業盡一身輕
  若能有餘錢，發願再圖新

# 海月之心

大海升起她的赤誠
伴水中的月影
隨潮起舞
那劇的開場與落幕
起於何時又終於何日
無從知曉
也不必知曉
隨緣安住
無惱

潮汐未停,因緣不止
翻滾的波浪
起承轉合
它的下一曲是啥節目
大海眾們如何上演
沒有期待
只有好奇

此時,有天客坐在
以光年計的觀眾席上
遙看人間
那愛之真切
竟讓月亮和月影
彼此默然

# 自樂恆常

荒煙蔓草迷茫天
空行大士走世間
豁來開明得了脫
無去無來最悠閒
荼壘安扉雲塵愛
靈明常駐難盡言
垂手入塵遊戲仙
向內潮汐恆常悅
是處迎春佳境現
繡程諧美無闕欠
寄君天地淼然意
猶梅芳香醉美娟

附：2013年2月18日雨水夜，一眾仙客出入內乾坤，余驚嘆其神通變化之妙而作此詩，詩中荼壘乃借門神而喻如履薄冰之惕，所言向內潮汐乃為盡顯大樂妙。

# 神誠愛女

與友聊天時不覺聯繫起往世的情憶，
故不禁情愫起來，呵，可嘆情哉，可嘆愛哉！

1

蕾：寧提醒我說，要開心去接受
你所面對的一切，包括
異性調戲雲雲，余回：

身潔樂陶機
雲中看妙意
得問心靈犀
自護陰陽器
蓓蕾高天依
勿合垢塵體

2

蕾：真希望您快點回來，前日小聚，
寧讀了他寫的詩給我們聽，

懇是溫故而知新呢!
余:好啊!是該經常聚聚,
並合眼前情節而回曰:

　　自在塵中隱
　　安然和氣順
　　妙心合妙心
　　得趣世間行
　　有神坷中伴
　　此誠最浪漫

3

蕾:寧說我們沒盡到責任,還說
我們沒理解這背後的重要性……
正當此時,余見雲溪騰幔,
並合諸多隱喻,似是贊賞蕾的,
於是回曰:

　　蕾兒一枝花
　　雲中盡見誇
　　大氣又慈美
　　身寄廟堂塔
　　青寧說實話
　　只怕沒人搭
　　責任補愛缺
　　只因真心塌

## 4

蕾：我也想提升，就是找不著感覺，
時有時無的……
余續接眼前之景而回：

> 感覺寄心谿
> 有愛誠可依
> 時有或時無
> 未入妙高地

蕾：心谿是什麼意思？
余：

> 心谿內雲頭
> 神元廟守候
> 汝未離半羽
> 用愛細心瞅

## 5

蕾：體會中……
余見一片雲卷著一粉紅色的「心」隱去……
於是即回曰：

> 有愛在谿堆
> 莫入人是非

愛在心頭伴
　　莫用塵眼看
　　天成美奇葩
　　早寄汝心家
　　若是污了祂
　　真愛畢竟塌

6

蕾復前語：明白…
頓時見得那心與雲的幻象等
盡都不見了蹤影，回頭就只見得
一些文字在閃爍，大概是要我
轉達對蕾的囑咐……
於是余曰：

　　雲中轉達汝
　　有喜相應啓
　　開放心德器
　　有愛默默濟
　　溫故可知新
　　時刻收成悉

7

蕾接上語：現在有種想哭的感覺……
似乎得見那些囑咐的文字

盡皆化作一張張笑臉,圍繞著蕾,
並道:「哭吧,哭吧,我的心肝,
借寄心靈嘆」!於是便將此語,
原樣轉給了蕾。
蕾語:明白,是我自束了……
頓時,有見光芒照耀蒼宇意象,且又
連帶出記憶中的諸多意象……
於是余回:

　　　我收諾語來
　　　濟汝心結開
　　　爾心若綻放
　　　必現蓮華黛
　　　愛蓮盡意裁
　　　殷殷時悅愷

**8**

接著再轉心中語:

　　　拔絜愛溢歡
　　　寄語雨心肝
　　　應自愛汝兮
　　　時繞愛慈濟
　　　開心待境遇
　　　俄興遍地喜

# 對話紫薇

一支筆豎立,其下是
一張白色Ａ４紙,隨即見筆尖游走
各種圖騰和幾何圖形之類的曲線
顯現。符號來自神秘記憶
就像十分清晰的意圖利用自相續
將看不見的向人示現
……
然後還是同一支筆
其鑲金的華藍透出高貴
既興盛又氣派
它直立於白紙上空──像是自帶意志的
化身為筆的智者
幽蘭的智韻籠罩筆身

接著是筆的主人現身
祂是端坐在筆前,那筆遞出神智
又像大帝麾下的彩虹戰士懸立空中
繼續畫出一些符號
然後便立著,不動也不倒
其下是一普通課桌

桌子的關節還咯吱咯吱響

我那邏輯而又現實的頭腦，疑惑地
思維，像一群獅子奔跑到崖邊……
緊接著是一間工作室一樣的房間
我的身體和眼前的一切
也都在房間的肚子里
我兩眼放光
思維吞吃著
瀰漫空間的疑惑

接著出現一隻叫赤兔馬的貓
注視著一縷叫治心的大鬍子
這是在另一間房子的肚子里
治心正和那只貓講解那支筆
講到情緒中心和腦中心……還有與
另一智能中心的三合一
正是那支筆，即使沒人用手去把握
卻能自立、且能畫出符號來的
原因。正如此刻，我的意識
在虛神界，肉身卻躺在
現實界——這
正邁向智能時代的人間

# 天朗氣清
## ——品康哥賓哥身韻

華康玉筆滿庭芳
青華漸壯賓翼
猶度佳年莊嚴土
追憶過歲笙歌舞
寄情三千大世界
仙尹鳳喻自悟
氣韻載舟
透閒心雲
湖山景麗
香潤肺腑

許酒屏升潮夕露
珠心秀出山河步
侍候怡情真主
新泥之計躊躇
逢誕之運
丹霄上雲
寄禱人間慧福

碧野山河
詩情奔放
卷舒萬千難計
橫看幽徑水行舞
穩坐衡機破迷霧
疊疊迎迎
瑤鯱影疏

# 中秋寄語
## ——有感於修煉去人心

月藏雲樓，席幕遲開，
夢寄芳舟回過往，
遺曲淒淒，妄念排演曲目。
彩雲淡舟，星河鷺起，美麗何在念往昔，
繁華競逐，迷戀滋生貪著。

照見身內外，悲恨相續所，
嘆息聲聲何多？
芳草凝綠，多少回眸？
向來舊事隨流水，但見浮萍真相，
起落隨性空。
千古憑高，
行深般若，照見五蘊空。
決空撒落一孤雲，
雨滴化虹，履跡無蹤。

大好山河悠悠，
翠障化心霧，迎鬥西風，惆悵何傷已？
拿捏不易，何談易？
即時慈悲溢淚，大千紛紜，

時空山下放目盼,去欲
修心圓滿。
時正迎喜、月圓
度中秋。

附：月喻修行悟道真機

# 隱語畫圖

與寧君

對山有家族
不一抱負屬
公子友情意
前來與吾習
善走水路故
鯊魚當小奴

與秀妗

再換一場景
象鼻石前隱
貴慧大賢內
前走吾跟隨

欲穿一崖瀑
由內往外出
避讓險情急
應巧合時機

斜跨躍騰出
石階徒飛步
賢內是何人
我卻未認出

　　與德內

半山腰回頭
瀑窗化寬幕
正播大演幻
無人幕前看

為避洴浪故
轉身回高途
才邁數小步
雙獅現前路

雙獅愛子幼
跟前玩彩秀
吾握斷獅尾
母獅聞腥味

為防生誤會
急拋尾獅搥
以避雌獅追
果然阻獅退

### 與媞媞

吾繞旁路出
眼前稻穗熟
飛越安全帶
自言撫賄待

何故安雌獅
自語怕惹事
警醒是何因
有待時間應

# 谁是玩家

　　按：夜遇魔女，惑色以誘，然余已知其身份，故佯裝被誘，未退反進⋯⋯

　　行至中途，她豁然覺悟，便嬌滴一聲：「你娃壞喲！」

　　隨即轉身飛去。我急呼之，示其無惡。

　　她即現其管轄的世間愁女、怨女、相思女等供我覽閱，故簡記片段於下：

花語無聲言訴情愁，
共我幽歡話恩仇。
人語遲悟，
如蠶吐絲，
絲線攪擾糾結人間景——
織罷密密貪嗔意。
痴夢不醒，
故人何可歸？

目睹嬌心憑闌惆悵，
寄意托長空。
夜來更是魂消、意迷離，

但聽蕉雨淒淒……
顫顫箏心，
如泣如訴！
心慕嬌柔，
望海雲天，浪濤化作鴛鴦舞。
無消息……
澗邊草青青，
正見斷腸人。

企盼萬年長線！
心兒若逝。
故做客無憂童女，
指心話情物。
那廝問惆悵何名？
吾道：
愛上愛的在寂靜處，
可人一直浮躁故不得知！
但就實而言，
人人均為悟正道而來，
簡單說，
一輩子之時光竟不知
都收穫些啥？

無憂童女言道：
你心澆灑自如，
俠行大千，
三度空間任戲游。

自然不用計較天地寬窄,
好來好報,
壞去壞應,
一切自有來路。
幸而一切都會了結,
深刻的或
膚淺的又能怎樣?
可謂一切煩惱皆自造。
莫無端責怪,
說些什麼風兒招來的迷茫?!

我回首人間:
又一廝泣訴情愛冷暖,
說什麼燕語呢喃……
聲聲咽語,
誰負奴家心意?
卻叫薄情郎應對花痴。
此戲,
那戲,
竟換得如心如淚洗……

# 我要揭露
## ——關於茶的秘法

按：這是陶陶送給我的茶，昨日才開封起泡
從早到晚我不停地往里加水
那味道始終是
淡淡清香
淡淡回甜
沒少喝茶的我，真是第一次遇見此種情況
於是我用舌尖輕攪那金色之液
未曾想這無意的舉動
便接觸到了「茶國」的
至尊聖主——茶王
那情那境……

魔子與佛子，對坐成兩塔
落在我的胸膛，一左一右
中間供著一杯茶
彼此都能聽見對方的心跳
一開始，魔子的刀芒還浸在血管里
但夜的念頭卻喚醒了它
讓它壁立怒海狂濤

生出了問斬佛子的決絕
它化成刀子豁然出鞘
一道光，揮去，那握刀的手
在電光火石間抖了一下
就只一下，一千個妖孽的頭
從空中落下

魔子返回坐下，端茶近唇
看著坐在眼前的佛子，它輕輕抿了一下
從此便消弭了蹤影
我不禁大叫出聲：好霸道，這茶！
然後，我問這茶叫什麼名？
沒有回答，隨即恍然明白
原是一杯無名茶
喝這樣的茶，你只需加水
不用再泡新茶
那味道，始終不增不減
真是，好茶！

就在魔子飄然離去的瞬間
我恍若一夢驚醒
撫摸著空曠的胸口
那萬千情絲紛擾，盡都化成蓮子
這個中之秘
莫非正是源於這杯茶？
……

我想,一定是猜對了
因為,原本坐落我胸膛的塔
隨著猜測的念頭一出
已然垮塌,變成了一堆廢墟
誰言這茶的奧秘
不能說

# 移民消息

大板桌上的那只鋼筆很謙遜地
站起來,向人宣佈一則
通報:想移民去極樂世界的
來這裡登記。只是做個登記就行了?
是的!因為你們都是很好的人
若是沒有信心自修成佛的
就來這裡報名吧

那是一隻會說話的鋼筆
其所在社區的人、個個和善恭敬、一片祥和
他們不信教也不用整天念佛
其人只要有心去阿彌陀那裡
便可來此處登記名號及相關信息
不用走後門、不收紅包也不收禮
待你在此處的因緣壽盡
便有神通法術將你傳送

我一時驚嘆,一隻鋼筆
竟有如此神通?恍然明悟自己
似乎是著相了,這時鋼筆不見了

眼前出現的是阿彌陀慈祥的笑顏
提示我感受這地之空間場域
我感受整體的場域是和諧
居住在社區的人心性柔和
無戾氣、無私心、彼此間
互相關懷、互相照顧

雖然整體氛圍是和愛
但那愛卻似乎缺少了些許活力，身上
所散髮的靈光也不是那麼通透
仔細感受其氣韻，還略顯粗散而不夠精微
且有無明之業縈繞
空間里尚還充斥散亂的意識流
只是沒有所謂的凶惡氣息
於是我明白了，但凡具備如此柔和心地之人
皆可憑願往生無限美好、無限生機
無限神聖、無限豐盛和無限
富饒的天國世界去
享受極樂

附：跨時空去了一趟九和社區

# 道破天機

## ——此乃與友遠程聊天整理

　　附：因余此次游身回蜀時，前腳才剛邁出，身後就又連番興起了所謂的風波，直至今日方平⋯⋯晚間，友人來信：挑動玩「風波」遊戲的只好終止，因這兩天發生兩件外圍事，一件預料中，一件預料外(演的？)。

　　余閱之，亦湧出些許無端感嘆，於是就引出了此番詳長之論道：

　　　　友道：⋯⋯來點金句吧！
　　　　友起「奈何」二字⋯⋯⋯⋯
　　　　余回：成差

　　汝道奈何為何物
　　你我同道不同步
　　神性旨意因何助
　　此番應得汝好悟

　　　　友道：此話怎講？
　　　　余回：真隱

　　因我已知吾自性

同時亦見汝真我
　　　而汝尚未見真性
　　　是故認假為真我

　　友嘆曰：呵呵呵……
　　余回：玄地

　　　在處在地示本尊
　　　汝自無從見真形
　　　形身好比是影子
　　　影子背後是真性

　　友道：所以就理解不了你那麼多了……
　　余回：著相

　　　因汝不認獨本尊
　　　所執一切只是影
　　　那些影子謂眾生
　　　眾生迷中如盲蠅

　　友道：沒見真主妄談度，空口白說一切朽
　　余續前言道：

　　　迷者如同一醉漢
　　　由一孩子領著玩
　　　跌跌撞撞一個慘
　　　岔路一開更見幻

友回道：是了……
余再續前言道：

　　那個孩子又是誰
　　自我始終緊跟隨
　　身後孩子即末那
　　末那沈睡人倒霉

友道：還是之前的路子對？
余續賦曰：

　　靈魂不知何處出
　　因為他也迷了路
　　末那若是不醒悟
　　後天自我便做主

友回道：

　　我既不知我是誰
　　渾渾噩噩瞎倒霉
　　有心得見真我主
　　陰差陽錯難如意

余回道：是哦，就是哦……
友道：何謂宇宙不會錯？
繼之余賦曰：

永恆正確謂者何
　　何言真主永無錯
　　若說乾坤即遊戲
　　是非對錯又如何

　　友道：是的……
　　繼之亦吟道：

　　羨慕也無用
　　用心是作為
　　當下最緊要
　　把握才是好

　　余回：

　　若能悟透萬物性
　　萬物共性即法印
　　人若不能領悟祂
　　心兒注定難開花

友道：昨日體悟有印證，只是尚有距離。
少時又道：既知正演乾坤道，遲早會知道。
余回：是啊，但得留意自我意識！
繼之又賦：

　　自我似乎很聰明

堅固執著弒萬靈
　　何是萬物所共有
　　大多數人都不懂

　　友繼之吟唱道：
　　真我似乎要來到
　　只是不見真機現
　…………

余回：你道為何不得現？此即神秘
有詩曰：

　　本尊意圖誰懂得
　　之前之後均未見
　　若是有人能領會
　　順乎其意即悟對

　　友道：

　　　悟是悟到了
　　　尚待心花開
　　　真我做了主
　　　一切才泰然

余道：沒錯，只是要切記：

　　自我絕非明智者

唯有真如慧性顯
頭腦意識甚難解
唯有天性智滿圓

友道：大家真還沒明白此理，要不然也不會如此這般白費蠟。
繼之賦吟道：

真我不做主
一切沒頭緒
人心枉作為
苦惱脫不離

余回：是啊，吾亦因此而痛淚！
因為見到大家的世智辯聰，亦甚憂切！
繼之而賦曰：

知見才學莫執著
個體整體不同我
生命層次品味多
怎得逍遙自在活

友道：

前天去上班
恰逢三盲人
相擁推背過

瞎摸探路走

繼之又續道：

晚間做夢亦相應
三人推背摸路行
⋯⋯⋯⋯

余嘆而吟曰：

身邊盲色何止三
扯落幕紗醜見完
只道我心見添歡
不然怎可活著盼

友道：
如斯不能把頭擱
不如做個呆頭鵝
⋯⋯

余回：你果真道出那心酸啦！
是呀，何是如此之見？
繼而賦曰：

顯露招搖者非高明
默默縈繞的最高深
本性之所以被遺忘

只因自我封閉了王

友嘆道：但等真我把家還……
繼而賦曰：

  未來先不想
  當下就著忙
  內在有戲唱
  真我須登場

余曰：呵呵……不過，你道說：

  默默縈繞者謂何
  正是萬物同一性
  雖然聯繫甚緊密
  人卻和它總對立

友嘆道：對立即是病！
余回：

  我看純真最有力
  因為真實多交喜
  偏執是病亦機秘
  生病其實也神奇

友道：有些體會卻說不出，就只是悟到而已
余回：是啊，很多人都關注如何大圓滿、大終結，卻未知……繼之賦曰：

> 時間猶如一孩子
> 挪動籌碼為遊戲
> 靈魂警醒方見活
> 擁有智慧妙趣多

友道：是的
余回道：一定要放下外在的牽繞
因為……
繼之賦曰：

> 能被剝奪的都不好
> 遲早要滅的皆不妙
> 那些本就不堅固
> 你又怎可去依靠

友接吟曰：
真實心活才妙
余回：是的，有道是……
繼而賦曰：

> 這個宇宙真奧秘
> 一切萬有成一體
> 沒人曾經被拋離

唯有觀念在自欺

呵呵，你可知：

　　宇宙本源實在闊
　　入之方見無死活
　　出離見之生滅作
　　生死觀念即是錯

　　友道：
　　真一是大道
　　生死本一了
　　萬有源空無
　　一體無分別

是這樣嗎？
余回：是哩，是哩，如是告知你……
繼之而賦曰：

　　本源就像一團火
　　一直燃燒未熄過
　　過去現在與將來
　　皆屬同源一真我

　　友道：那也不是空的……
　　余曰：

那團大火永遠燒
　　　亦化甘露浴火笑
　　　奇思妙想時刻冒
　　　大千宇宙得富饒

友道：那是個極豐富的能量現實⋯⋯
余曰：正是

　　　能量歡喜有節拍
　　　燃燒自己亦自滅
　　　生死規律自然顯
　　　看穿看透即大仙

友道：

　　　一體真我種子埋
　　　當下長成一棵材
　　　根乾枝葉果實茂
　　　無限豐盛生命道

余回：是呢，你道亦是言匱乏⋯⋯
繼之而賦：

　　　火兒燃燒為哪般
　　　自生渴望自樂玩
　　　渴望愈深愈渴慕
　　　匱乏瞬息得滿足

友道:而且,一切都是不可預測的……
余曰:正是

  太陽每日換一新
  河流永恆奔走勤
  狀況時刻在變新
  遲鈍守舊決不行

友道:這得用心體會!
余回道:是啊,真得用心體會才行啦!因為……
繼之而賦:

  生命欲圖要怎樣
  就看造化想不想
  若合宇宙造化意
  阻撓再多亦有戲

友道:主尊意圖現,未來需證觀
余回道:是啊,能得尊主意不易,那可真是億萬年之等待哦!繼之而賦曰:

  千年探索未見效
  可見真理難證到
  真機未隱實在妙
  見道不易況證道

友道：皆是人心阻礙啊……
余回：所以還得放哈，因為……
繼之而賦曰：

　　人之欲圖未必好
　　無背天心自奇妙
　　真理何處得尋道
　　靜候心主演機要

　　友道：

　　真體自然隱藏愛
　　期待勝過不期待
　　神喜隱藏不用說
　　但他亦留啓示多

　　余回：此亦大遊戲
　　至此聊道畢

# 入妙高天

1
省悟而入

有意步高妙
淡卻紅塵笑
金爽回步尋
細把亂象瞧
反省除身垢
觀野思己漏
喜悅愛花容
只自美慈逗
悠悠心事盡
純然一覺透

附：此是伴隨著推理、反省、喜樂和一種純粹存在的感覺而入之淺妙高。

2
區別而入

外觀萬象悉引申
內里紛紜見得真
萬千迷像映身國
潮海思結更是闊
四大何成諸相妙
落花飛容敘何道
若能認出假我意
放牧分我做遊戲

附：此時透過法的指引、努力區分假我、在靜寂之中細細查尋內身之萬千是非、集中精神靜觀或透過慧劍而分別假我，使其無處隱藏而見真性，進而入中妙地。

### 3
### 無念而入

無處可見我
只道有愛活
與身認同止
七情亦停播
退返歸自然
命弦系微觀
慾望之種絕
只留靜照現

附：此是所有的心理活動盡都停止，頭腦意識功能不顯而合真我乃入之深妙高。

# 沐雪慰心蕾

舞素醉山河
扶姿玉瓊廊
行度任風裏
翩翩兩腋撮
冰漸結寒趣
揮袖異香絮
雲何載運
雪魅承續
鬥案重熏
寄往心訊
再探霜梅枝語
半掩妙色醉喜
沐雪塵海迷宇
得邀慈心相濟
未盡隆情難敘
比去寸旬
馭爽義氣
潔品比擬
牽纏妙意

  注：今晨又飄雪，此已是春節前之第六場，而雪舞狂時，余正好趕路，故得沐雪。

# 元旦祝禱詞

按：2019年12月31日，白日大幻，江天福國，大道御雲車，更上一雲坪，有直升機於高空住停，懸梯載客。客艙滿，獨余一人未上，此時一白繩垂下，其人即拽之騰升，亦於目的地安全降落。及至一軍機密所，寂靜幽深，頓生敬畏，旋即又添出幾分神秘。其間有應，會其寓意，簡記之為2020年元旦寄語：

　　花暄自照閒，又將迎新年
　　大穹聖力願，乍然流星現
　　天地風雲蕩，寂然悟靈訣
　　展臂擎月通寰宇
　　人心亂中變

　　初時乍疑生氣絕，自私自利
　　業身陷，苦難在眼前
　　雲何避難處？安住慈心苑
　　悲憫開護佑，遇見皆是緣
　　修心能量演。家庭不和潤根源
　　子女叛逆怎化險？九和之家有秘訣
　　若是想致富，財富真相破迷霧
　　見證榮貴、命自主

惶惶心不安,怎得
解困局?積善之方顯神奇

道力旋乾坤,光動啓天文
九力學子鑄新魂,看取幸福生門
九感明師來開程。家校矛盾
雲何改?家校同心亦有解
清涼溪閣孕道果,九轉法妙
化塵凶,九福人生現塵中
九智領導課,盛業能功
福慧雙圓

芸芸大眾路迷茫,九行運命
自興旺。老闆事業如何做?九久鴻業
來細說。生命真相有點玄
悠哉悠哉作神仙,九禪內觀
滿汝願。身心健康壽
緊要最難通?九療全愈通
新記元年鴻,潛藏能量湧
澆築大成宮。九和九福
來助力,文化復興
運大同

# 自然食法词
## ——心裡美·簡單煮·用心烹·感恩嘗

心裡美

慈心滋身
恭敬神聖
奇葩異卉馨香
饞味色秀芳沁
善德至誠真
感天地相應
紫蓮朵朵
情真意淨
紅粉苔佳
透爽靈精
食道風光無盡妙
玉觥美盈


簡單煮

何謂真高貴
最美自然味

食趣在合道
佳餚濟福美

　　　用心烹

香集味清酥
偏韻勝中游
低碳催質素
健康解心憂
世人受欲束
貪嗔不自由
物命寄主流
用心烹煮秀

　　　感恩嘗

莫向俗風尋舊味
但看仕子合清悠
莫道吃素人不多
仁君吃素福祿佑
天不吝嗇皆有份
生態平衡風景秀
方寸周圓九福樂
感恩之心運長久
雨意雲情無以奏

# 療癒冥想詞

## ——阿賴耶識溝通或為他人療癒時用

也許是因為某種無明的業
導致我經歷了某些創傷，因為
沒能及時得到援助和療癒
情緒淤積而導致我與內在
連接的通道堵塞
受傷的記憶沈入泥土
曾試圖破土而出，卻又遭受壓抑
歷經的虛假、浮華與煙火的喧囂
一再忽略它的存在
受傷的心靈無人關注
內心裡委曲、難過又無助
如今身體中某個部位
猶如火山一樣
潛伏著隱隱傷痛和暗火

此刻，我要靜下心來、放下萬緣
將身體調整到中正
與內在封存的傷痛連接
直接面對、擁抱、融解和治癒
讓我的自性介入一起回溯、接納

並且幫助我覺醒
我願看見、我願面對
即使再痛苦的感受
也決不回避
過程中無論發生什麼
那都是內在的覺醒
所需的
嘎呃曠

備注

如果是別人有療癒的渴望,並請你協助時,那就這樣引導說:「讓我們花一點時間放鬆、安靜下來,讓我們與內在最深層的部分連接起來。」

調整好狀態之後,念《療癒冥想詞》1-3遍,也可以配合帶催眠效果的錄音和文字一起默念。《療癒冥想詞》念完後,協助者雙手合十於胸前,內心默念:「此刻,某某人(被協助者名)的內在有某種能量試圖被療癒,TA的靈性裡有某種東西試圖進入這個世界,請讓我與TA的內在共情、感覺或看見,並幫助TA覺醒。」

在那幻化的背後,在那股能量的背後,在那症狀的裡面,一定有著一個積極正面的意圖,所以在支援狀態里,在接納體驗的每一個瞬間,對於將靈性展現給這個世界而言,過程中不論有什麼發生,那都是有道理的,且不管它是如何有道理的,因為要到最後才輪到意識頭腦去弄清楚。

# 心明眼亮朗誦詞

能見神光，自在坦蕩；
開懷接納，低穢何妨。
鬱鬱陰雲，愛心滌蕩；
垢淨分別，於我無傷。
明妙天心，和悅舒暢；
喜怒哀樂，不滯胸膛。
摘下眼鏡，心明眼亮；
刷新耳目，雙瞳變樣。
耳聰目明，通透開敞；
顧盼生輝，碧波蕩漾。
情緒失控，中道內藏；
本無所染，神清氣爽。
眼睛明亮自主意，
看清看明不回避；
悠哉活脫又神氣，
放大心量盡如意。

# 九和九福正心詞
## ——日常起居、禮儀用

1
靜心詞

禪心似月明，心清天地新
松風過空堂，悠悠愛滿腔

全韻版：
禪心似月明，心清天地新
穢風過堂淨，悠悠愛滿庭


2
淨意詞

萬千思緒息，知見遁無形
兩耳時空洞，細聽天外音

全韻版：
萬千思緒寧，知見遁無形
兩耳時空淨，細聽天外音

## 3
### 禪住詞

無去無來仙，不住內外天
暇怡真睛鑒，慈光滿庭玹


## 4
### 禪坐詞

身化宇宙皇，寂然星空朗
靈光澈內外，覺照無罣礙

全韻版：
身化宇宙皇，寂然星空朗
靈光內外藏，寂照現天堂


## 5
### 禪臥詞

渺渺冥冥弦，安臥陰陽間
寂寂空五蘊，孤覺鏡照圓

全韻版：
渺渺冥冥弦，安臥陰陽間
寂寂五蘊潛，孤精鏡照圓

## 6
### 禪行詞

一步一行空，身隨氣息動
移動須彌峰，柔光濟濟湧

## 7
### 禪舞詞

舞起風塵落，曲中不見我
舒捲蓮葉身，動靜活脫脫

全韻版：
舞起風塵落，曲中不見我
蓮身舒捲活，動靜皆解脫

## 8
### 品茗詞

身心放鬆輕，愛和玉液津
遙寄山水情，育此茶葉精
煮茶雲霧起，幽幽一真炁
茗香沁肺腑，洗卻塵勞疾

全韻版：
身心放鬆輕，愛和玉液津
遙寄山水情，育此茶葉精

煮茶霁雾亲,悠悠一真心
茗香肺腑沁,洗卻塵勞境

## 9
## 就餐詞

天地有鴻德,所用一應全
此心常感敬,萬化體中變
感恩耕耘者,領受需用心
飲食莫浪費,珍惜愛物命

全韻版:
天地鴻德興,造化時更新
此心常恭敬,自性體中應
萬物皆有靈,領受需用心
飲時應感恩,珍惜愛物命
嘎呃嚝
用餐愉快

# 以腦侍心者自樂

古聖言：
修行之功在於用心，
絕非用腦！因用心而得析解因緣，
故能以苦為樂，從不計較，隨順無常……
而用心與用腦之分別亦在此——
前者用真愛事物，
後者卻挑肥揀瘦計較分別！
所謂真愛無比較！！我今讀到一段文字，
即言比較與愛，說的也是此意。
言曰：你若真愛自身，
就不會把自身與他身做比較！
如你愛某人，自不會
將其去與別人做比較。
故愛就只是愛，
僅此而已！

沒有了愛，比較就產生了！
而停止比較，愛也就產生了！！
比如說：當你全神貫注地欣賞一朵花時，
你不會將它與別的花作比較。

而當你真愛一個人時,
你也不會拿Ta與別人去比較!!
故言:有了比較,
愛就不存在了,
就連理解也不會做到。
而愛就是去理解、
去包容,而不是
去比較和判斷!!也正是一個
用腦與用心的差別。
因為頭腦最愛計較分別,
而心的存在屬於更高的層面,
所以才能包容理解,
故才能有真愛!!

這是誰都知道的,
這兩者各有功用——
生活或待人接物用心者,
自然其樂融融,
和諧友好、即愛有佳!
而做事用腦即條理清楚,
有條不紊,
自然就統籌有序!
而兩者之主次也斷乎不可顛倒:
以低侍高者,
自然幸福美滿,
添無窮妙變,無盡樂趣!!
而以心侍腦者,

必導致虛假、偽善，
道德淪喪，乾坤倒懸，
唯利是圖，苦不堪言。
而以頭腦侍心者，
心主必化無盡妙美，
故得享之愛樂亦
無窮無盡！！

# 與友聊天記

友：請求驗證微信
余通過驗證之後回曰：

　　　歡迎弟妹
　　　悟盡法慧
　　　往事如煙
　　　今朝再會

接著，友便客套說了些承蒙指教之類的話
余即回曰：

　　　身舟大千移
　　　往來慈悲濟
　　　去來皆緣分
　　　見之甚歡喜

友言：同喜
繼得知，友雖得法，卻未全心力以精進……
於是，余會當時之情而賦曰：

　　　前來人世間

是處亂如煙
　　有志高處去
　　修煉能成仙

友說誠望多提點之類的話
余回：

　　提點自然好
　　心誠更重要
　　彼心花神笑
　　出入皆喜報

　　友言：妙！
余亦以妙賦道：

　　光照靄霧消
　　淨化身心竅
　　毫釐納乾坤
　　內外皆見妙

友問：何謂平常應有之狀態？
余即回曰：

　　動時稱心意
　　靜亦現繁榮
　　花霜嚴雪勁
　　汝心可見懂

# 借霧話心緒

——與遠友聊天時，竟然湧蕩出若許離世躺平之雲悲慨嘆，故記之……

因這些天身體排便處亂鬧，好生令人不痛快，於是與友聊天時，我便調侃道：

> 屁眼鬧得歡
> 心情打翻番
> 無愛身邊候
> 冷風往里鑽
> 孤山甚淒涼
> 賤凌生氣慘

遠友嘆之
余情亦受觸，於是又繼續吟道：

> 孤獨成氣候
> 難覓情趣逗
> 人多愈孤單
> 孤身自陪伴
> 無心寄時光
> 冷暖更無盼
> 俗情何可寄

不若早歸去
　　　無有知心者
　　　活著甚無益

遠友落淚，勸我多與人相處、遊樂去。
此時，正好有一片欲圖訪問余之
憂鬱氣聚而來至頭頂徘徊，
令頭部鼓脹難受，便借其情而道：

　　　吾心絕無所
　　　見面更想躲
　　　盡是凡庸輩
　　　余心怎可活

遠友繼續落淚，且勸我到他那裡呆去
或是回老家去看看親人等，
余便順心緒而答曰：

　　　俗人若打堆
　　　更是往死推
　　　盡是名利情
　　　俺捨何作陪

遠友繼續勸……
吾便動心細想，到底能到何處去呢？
再又放眼看去，紅塵中
實難尋得一清淨之所，

余便繼續嘆道：

濁氣著實重
定然不中用
余心早死半
何處可成歡
偶有知情者
任余獨守捨
不擾即德恩
何人心感誠

友道：

回首前時，大歸之情亦甚切，可心想呀，泥塵尚未見大好呢，就這麼離去未便妥當，便決了此意。

吾內身之眾亦多懸空而待，有時心氣飄浮猶若鴻毛之感，定要費些力才可繼續留在塵中一樣（其實是修好那面聯繫肉身這一面時造成的一個假態）。於是我便試圖引身欲以牽制之。故決定啓用廢而無用之小鳥鳥，誠圖讓它發揮些功效。沒想此計未得成願，反被一天犬硬生生將俺小鳥鳥給咬叼去了……

余便隨性而唱賦曰：

山身若虛虹
縱慾亦無用
勤溜小機器

　　　　實想多留息
　　　　不留小鳥意
　　　　更叫無所依
　　　　如今鳥器廢
　　　　更叫如何懟
　　　　貪嗔亦無留
　　　　又叫何處求
　　　　惶恐多少日
　　　　不時惜嘆之

　　遠友：笑死我了。
　　嘆之亦無可奈何……此時閉眼又想，紅塵之中真真切切實難尋覓得一清淨處所，繼之余再而嘆曰：

　　　　我若能活世
　　　　必效庸俗輩
　　　　努力再努力
　　　　果然還是廢
　　　　如今痴欲退
　　　　實誠無所會


　　遠友：默默然……
　　此時一團暗雲入身，為余添定了主意說：「吞下我便可成事」！
　　於是，余便對遠友道：

欲圖惛庸過
再添數小錯
決然把心橫
定著魔獸性
如今何作宣
對錯無鑒選

遠友急忙道：斷乎招惹不得那魔啊！！
莫若交個粉塵知己共度餘生……
余即賦道：

吾心甚孤獨
無人可進住
但凡俗小人
絕對著不住
為名為利搓
爭風吃醋多
佔有及抓取
絕對不好活

遠友急之，欲電話安慰我，問我
願意接電話否？
余即回道：

聲音是噪音
傷力實不輕
若是余知己

　　　　定然隨我去

遠友正想:「我又有知己否」?
余又賦道:

　　　莫道吾傷心
　　　心鏡自知應
　　　若為私慾情
　　　定然傷得勤

遠友嘆之,原來自己亦不是知其心者也,
於是不覺悲起……
余忙回曰:

　　　心若飛細雨
　　　身若鴻翼宇
　　　對爾知甚深
　　　只是未言語
　　　茫茫人海眾
　　　何見有真知
　　　面塵真愛蕩
　　　只是常見傷
　　　悲心隨斯處
　　　何曾不見主

　　　遠友:亦嘆之……
　　繼之余續曰:

俗情傷不起
真心輸不起
對眼兩團霧
反叫庸人妒
會心雲高寄
寂心早已迄
茫然若無依
議定度雲溪
高潔常沐余
身寄無定所
還高星雲喻
斯心獲收地
此景何認懂
此情何度惜

遠友嘆之：真真好一個孤獨之人啦，這紅塵果真留不住你麼？
余回道：

出沒繁華煙
自守孤獨軒
喧囂難及余
寂靜踱腑間
何曾遇知己
狂情見不喜
鬧中寂寂身
慰藉大千形

  如是心何寄
  難有懂余意
  叩問高明的
  只是笑嘻嘻

遠友道：對我有何賜教麼？
余回道：

  汝心妙然依
  杜絕塵欲喜
  塵情有愛家
  心亦可作寄
  只是分別心
  不得覓真性

遠友嘆道：真難……
余回道：

  觀念是身主
  爾亦愛其渚
  多少麻煩屬
  何曾有建樹
  雲道心不真
  輕狂易傷神

遠友道：未來會好的……
余回道：

未來在當下
心空亦可達
塵中全試過
無有可乘舵
只是人心多
常叫背黑鍋

遠友問我對情愛有何期望……
余回道：

希望談不上
願做愛樹榜
只是默然坐
就若一呆鵝
如斯清靜伴
必定話不多

遠友道：一般人確實很難
管得住自己的嘴……
余回道：

言多亦非錯
只是口業裏
常與靈雲會
心悅默然活
只是自我惑
啓齒傷人多

遠友道：看來修口確實很重要……
余回道：

　　　　寂靜息心廓
　　　　喧鬧屠靈國
　　　　淨心無意澗
　　　　爾心亦可鑒
　　　　摯誠待真我
　　　　愛如湧泉現

遠友道：有時弄拙反成巧……
余回道：

　　　　愛道高潔美心絢
　　　　寄欲不成反成缺
　　　　何故弄拙反成巧
　　　　是心貞潔至愛寶
　　　　愛道圓實枝葉繁
　　　　真我常顯欲淡淡
　　　　自我之心若不甘
　　　　勾結狂情擾心安

　　遠友道：
　　拜拜兮
　　由愛去
　　下次神會再繼續

# 思想與狀態

愛心緊包著
思想亦得度
感覺隨性跑
思想乘覺渡

若是
怨恨把身繞
感覺實不好
有愛沐感覺
狀態自然妙

猶是
思想成輔助
可為你開路
感覺到危險
思想能避免

應是
思想幫感覺
規劃如何做

將要發生啥
提前做籌劃

正是
感覺是心在
千萬別麻木
思想是好奴
不可頂替主

# 飲下這杯我
## ──有關那點兒事

擁抱的心求助那可解脫的
密碼！我愛的鞭兒
緊緊跟隨你的憂傷
圍繞你的激情烈火翩翩飛舞
你看那牛兒是多麼
不安分？那不安分的
傷了你、也損了我！所以
飲下這杯我吧……我甘願
為你受苦受累，並將你那
頑皮的公牛餵

飲下我吧！因連接天河的
聖意，定要令你長出翅膀！故
把這七個輪的演化連接在你心上
以此代表彩虹的指引。你那牛兒
豈能無路可歸？那些點滴亦是
我歡娛的心啦！因那
瘋狂的和溫順的，也都使我
幸福！那冰冷的和火熱的
也都使我歡喜！所以

我必傾全身的血液予你
我的愛啊！飲下我吧
我是活的

在靜寂的角落
有聲音呼喚：
禪！
那些點滴，亦是煎熬的心呀
受不得委屈！
飲下我吧！
你已經認出
我不是鞭兒也不是那繩兒，我
就只是那個指引
你看呀，你看
時心長出朵朵蓮，那盛開的
不正呼喚著你嗎？爾
應知機緣實難得，又道
誰的囈語多
澆灑

那些落下的雨滴
當真意兒揮灑，絕無拋撒
潛入海底輪去撈月
飲下我吧，我是活的……
我來教你封堵地門入天廳
再入定賞心悅府！所以
飲下我吧……濟濟迷人

入神捨,碧波一泓
好安心!良辰媚景樂顛顛
引接之喜何其多?甘露
盛飲。沐浴。因要獻出那
不老的殷勤,以化現出
你的不朽

你明白嗎?我是活的……
飲下我吧,以此合歡的靜
是要你與天地齊鳴!愛那
時間的愛、生喜喜面,輕撫
喜月梅梢的因許。並
以此顛旋的法案
令公牛降服,以守宅院
並令時道止步
以化萬物,化開那
可解的胸懷高歌——
我生長起來
疏導的自娛
催生含苞待放的愛意
結出慈悲果

# 美化小世界

我看見我站在大海邊緣
看神秘大海泛起浪花
一蛟龍化白色眼鏡蛇衝上海岸
殺氣直逼而來
另有期許暗遞,對於愛
一邊是用溫順的蛇作示範,另一邊
則是用控鶴擒龍之術對治
消融了攻擊意識
誓將心靈化作
聖潔神宮

晚風吹向遠東的英雄
念誦一篇幽默的贊揚,平躺的身體
伸出一隻手去抓另一人的手
與另外三元素擠在一起
他們應都認識我,只是我
無一點記憶。隨即藍百合折過
宮殿走廊輕敲我的窗戶
神秘中略帶一絲曖昧
見是小驚喜

我立刻從玻璃中走出

廊上現出一男一女，他們頭上戴著
堪比聖靈羽蝶蘭還要漂亮的
神奇帽。而其材質盡是
用廢棄的包裝物等改造而成
造型別緻華美，撕開任一片裝飾
也都是莊嚴、詩意的聖地
於是我心中，頓時
便只剩一執念
美化小世界

# 天府寄語

按：辛卯年庚寅月癸醜日陪父親和大姐去浣花溪遊玩，游至詩牆處，從不寫詩的父親竟然有了詩興，並隨口吟頌起來，余領會其意，將之整理成了如下四首：

1

春陽剪裁山河秀
浣花迎春景更嬌
覽閱人潮相依緊
綠梢猶見美眉笑

2

滿園芳地新發苗
風虎雲龍意氣滔
詩牆顧見春柳發
雲放光霞詩意邀

3

天然寧淡韻此景

送仙橋畔仙跡隱
大道洪傳度世勤
寄此心語感天應

4

今朝幸游天府國
同道切磋寄意高
召喚雲水萬千蕊
滌淨俗塵見真道

# 與友聊情

友道：陷入情苦中，真是欲罷不能啊……
余回：

    何由情重陷蝸螺
    問心可願出泥坨
    撕心裂肺又何故
    太過執著不好活

友道：咋了脫呢？
余回：

    若能靜觀悟性空
    是境殊勝非情夢
    消解執念放輕鬆
    自然妙美樂融融

友道：娑婆世界即苦海，哪那麼容易……
余回：

    茫茫苦海一扁舟
    大道護航解心憂
    波浪滔天又何懼

　　　　升降沈浮皆自由

友道：可有當下解脫之法？
余回：

　　　　萬緣看破無憂惱
　　　　梵我一如幸福道
　　　　妙趣橫生無限妙
　　　　安住當下向內找

友道：真想啥事不乾，只管修行……
余回：

　　　　自古修行非空談
　　　　實證亦應找活乾
　　　　證道自比悟道難
　　　　以身顯道勝言傳

# 貧富差距

知足少欲是福報
永不滿足即煩惱
無虞匱乏是富有
心態平和幸福道

附：
身體病癢誠不好
擔驚受怕困苦窘
心境欠安氣躁焦
是心不善災火苗
身病不及心病苦
狂妄自大邪火燒
爭強好勝惡果聚
不知進退亦糟糕

# 捧腹寄語
## —— 有感於救度

修持佛法絕非學術研討訛誤
清心寡慾行妙空靜從零起步
那些堅殼嘴不停地呱呱叫
攪動多少欲心兒亂蹦跳
網絡蛙池真真形勢好
各大門派都能找
胡言亂語亦不少
精神的恆河留有解言若千
貪著的欲流製造悔恨無限
如今感覺似更危險
人工智能正一路躍
慾望的焰火滿地燒
正是科技之榮耀
同是苦惱

歸帆遠去殘陽終落幕
艷陽天雨滴回勞難永慕
昔日導航鍵秀出指引地圖
實被糟蹋得一塌糊塗
如今余開治心之法解極樂秘碼

卻不見你蹤影整天在忙啥
正誕生的何故不願見
誠發肺腑之言

實踐活動的騾子在沙田
決口的堤壩
變成海神三戟叉
你也得見優曇婆羅花
正是一路修行人
在維修堤壩

# 尊空飛雪

今個好雪。
素國勝景全開。
長天雪舞,
妙喜無盡。
向雪神邀約春魅,
再匯天際杳音,倚待計度。
芙蓉之冬景,
天地共濟。
純誠愛意,
更妝憑闌接緒。
問漫天飛雪,
機語難敘。
獨訪芳雲心島,
洞天齊吟——
回我荷色蓮韻。
玄素天然,淡質慈飛,
坐戲蓮池,
一笑江湖,人間。
枝枝梅花鬥艷,
得計心頭,

呼首意，
排演波瀾壯闊志。
參橫錯落點綴，
共萬千奉養，
滿美余心。

# 行願要素
## ——隨緣成●多嘗試●不灰心

隨緣成

緣至貴人助
順走因緣路
聚善解違願
看準時機出

多嘗試

山不轉路轉
路不轉人轉
人不轉心轉
心不轉莫盼

不灰心

忙時快樂我
累時歡喜我
好事一小樂
壞事一大樂

# 成事要素
## ——有序●捨得●積極●樂觀

有序

工作若趕急
忙中應有序
莫要瞎緊張
搶時先籌計

捨得

仁者吃明虧
蠢人吃暗虧
冤家若喚回
苦難亦打堆

積極

懦夫藉口多
勇者樂擔當
團隊若同心
前途定無量

## 樂觀

若見不樂觀
返身向內看
引心何處去
定要細心參

# 調服有方

觀內思想漏
合道正氣透
齊之以刑候
自免無恥醜

外顯
和芳德以濟
美之禮儀喜
有恥且可格
滿意加警惕

內定
當你入靜寂
能量自動移
移往中心去
化成凝聚力

外洩
反之向外溢
狂心消耗急

所思圖佔有
佔據生叛逆

應是
內外相互促
一靜一動補
動時往外出
靜時內守谷

## 觀影論道

如意開心客
塵中一小住
隨我觀幻幕
妙趣無盡數

約嗎
治心陪觀影
自然有奧妙
心性合一竅
心明即見道

於是
妙行也彌陀
妙住亦真我
妙坐自悅樂
妙臥生機活

正是
如是觀妙演
在在妙用現
自是證滿圓
快樂似神仙

# 對禪說

我將一塊小石裝進心裡
並將周圍的一切抹去,作為留白
我為我的獸騰出了無聊
果然見甘露灑下
起先我還以為是晶瑩剔透的淚
怎是那麼清涼

這是一個獨立的過程
因為載貨電梯只能達二樓,剩下的
樓層也都要靠自己去走
二樓上那只才結婚的氣質獨特的貓
你一定要上前去打一聲招呼
因她不想在皇宮里被人豢養
於是便將自己
從一棵五行樹變成了七寶樹
嘰嘰咕咕的獸靈打著呼嚕,這還不止是
陰陽面具背後所溢出來的風光偉業
其中也同時溶入了年輕人
鮮活的焦躁

所以我在想除鄉村之外,小城鎮的
生活習俗里也應該有容納寂靜的儀式
有道是風雨有助脫俗,這樣說也沒錯

人生五季也是不均齊,這些都是
你要在人生中去感悟的節奏
當然首先是生發與流動
所以要領悟春風,也不要
忽略了春雷

接下來的節奏是:選擇和穩固
既然是在眾多選項中去選擇,那就
一定有排斥,那麼
傷人或被人傷是難免的
所以人人都應該懂得自我療癒
這應該是家庭教育的內容,學校里
也應該普及相應的心理修復課程
穩固是選擇之後的強化與成長
所以要溶入尚武精神、和
保護必要的進擊意識
這也是禪的自然元素

然後是反省與消融
這是熔化冰錐,是感悟水的精神
是簡素、是包漿和研磨
是把自己完全消解
溶進本源的圓潤與無所不包
是荷花溶入污泥中吞食枯槁
然後再生,綻放
最後回歸幽玄

附註:因觀看了《禪的藝術之美》紀錄片,對其概括的禪藝之不均齊、脫俗、自然、簡素、靜寂、枯槁、幽玄之意境深受觸動而作此詩。

# 人 生 道

　　與友人聊天時涉及經濟與愛心等諸多話題，今簡要記之如下：
　　友道：今人如此瘋狂崇拜金錢，你如何看？
　　余回曰：

　　　　金錢非是萬能器
　　　　不能事事做交易
　　　　試想那樣有何益
　　　　如斯人生實悲劇

　　友道：是的，人與人間還是應多一些超越利益交換的友愛互助……
　　余回曰：

　　　　助人本是在助己
　　　　越有愛心越獲利
　　　　芸芸眾生本一體
　　　　慈悲雨濟自歡喜

　　友道：要保護好家人不受人欺負……
　　余回曰：

待一人善非真善
　　　善待大眾莫傲慢
　　　巧借方便警示伴
　　　收殮功利真心換

友道：有些人，你怎麼對他好
都換不來他的心……
余回曰：

　　　持之以恆把欲放
　　　捨得佈施才起航
　　　該知期待必失望
　　　自利利他才高尚

友道：可成事還得靠身邊人……
余回曰：

　　　因緣和合命自主
　　　修心養性能量足
　　　至誠懺悔把罪恕
　　　無私無畏天必助

友道：惡緣現前怎麼做……
余回曰：

　　　愛心始終坐首位
　　　自不擔心惡業催
　　　一旦氣正德力匯
　　　水到渠成自發揮

# 自警律

1、修謙德

　　積極的人生
　　謙衝得滿分
　　自我一變大
　　麻煩立刻跟

2、常滿足

　　忙碌沒關係
　　心不煩就好
　　窮也沒關係
　　知足自然好

3、時自淨

　　淨化美心靈
　　愛力見喜忍
　　淨化美社會
　　時刻關懷人

### 4、惜當下

忙碌中安定
混亂中和諧
今天最精彩
明天最新鮮

### 5、長生樂

心慈生極樂
同悲大愛活
生死一幻化
看破莫難過

### 6、捨財濟

財富似流水
佈施如挖井
井深水自多
廣施財廣進

# 苦字訣

按：陳姐在夢中遇佛出考題，題曰：請在場各位以「苦」字為題作詩一首。

夢中更有一重要情節，現場一共七人，盡是現實中的真人，包括我在內，寫詩時竟然找不到一張完整的紙。夢中雖見有一疊疊紙，卻沒有一張是完整的，可見夢者及夢中人皆未形成自己完整的洞知覺見。

此乃以此最為平常之元素，誘發內存苦因，進而發酵愛心，以體會妙然變化之樂美。於是陳姐夢醒第二日便如法炮製，找到她夢中之其餘六名參與者，亦令其以「苦」為題作詩一首，於是便有了以下組詩：

余作：破題

苦乃一法秘
助參本尊意
自我不爭氣
就用苦去激
若還悟不對

再用魔難催
有苦有威儀
鬼神恭敬立
無苦無珍惜
必入貪嗔戲
雲何斷苦因
應悟究竟理


夢者作：憶苦

歷經勞碌辛苦憂
為兒為女苦坐舟
夫君半途撒手去
人間苦來苦悲愁

又賦：樂

何為樂？
樂什麼？
真樂？
假樂？
善樂？
邪樂？
真樂善樂忍也樂樂無邊
假樂邪樂惡也樂災就落

再賦：省

得意忘形墮苦圈
為私偽善裝門面
不齒掩耳稱修者
美滋滋
真羞也

不識自我惡之源
觸私嗔怨委屈淚
數載唯我私中轉
悲戚戚
真苦也


德明作：何謂苦

痴迷執著就是苦
執著名利必召苦
情慾滿身就是苦
遇事動心亦召苦

又賦：轉苦

為私為欲苦中苦
修煉路上苦中樂
心中大愛濟眾生
一心不動萬事樂

再賦：懷苦

回首來時路，貪欲當求福
踏上修煉途，總算靠上譜
歷經十餘載，不知誰做主
等待千萬劫，只為今生度
主佛悲慈在，同心相聚來
兌現今世約，修出大慈愛

孫作：歷苦

凡塵業系是苦海
生生世世輪回厭
如今得法方脫險
回首視苦苦作甜

廖作：迷苦

苦與不苦迷戲中
真真假假難猜懂
迷中悟道上蒼穹
心中愛意樂融融

老李作：化苦

紅塵倍為苦
修行得滿足

心常存慈悲
悠悠大愛住

劉秀作：著苦

糊裡糊塗苦中悶
放不下時苦中念
若能參破苦根源
空掉自我真我顯

又記：
居然有如此神奇的夢，並帶出如此神奇的遊戲，那麼你也來一首唄！

# 同 心 圓
## ──小記一夜暢聊

紅塵一幻霧
眾生被迷住
何得迎春喜
誠邀真我渡

精進消業毒
洗淨徵程污
待得心門開
同返聖家族

愛慈心洋溢
乘願下雲虛
入座迷塵席
引眾超六趣

# 淘　米

當那種感覺出現在手掌之間
那細膩、那溫柔的激蕩
那不可思議、莫名的銷魂
我知道我認出祂了
那是一朵玫瑰要去的地方
也是原子彈、核彈、氫彈、導彈
中子彈……應去的地方
也是你我他真正在尋找的
靈魂之家

一次次愛的揉搓
一縷縷湧來的波光蕩漾
那無所不在的愛，透過手心
傳入心窩，內化為甘乳
就像過電一樣傳遍全身
留下一陣陣馨香
喚醒靈魂
回歸原來的樣子
天地寂然，萬物澄明
我也換了一種姿態

再來人間

附：
當馬蹄踩到釘子
當走路踩到狗屎
當睡覺磕掉牙齒
抑或是事業遭遇挫折
抑或是生活出現了煩惱和失意
或是人生碰上了倒霉事
失戀抑或是
求愛被拒
這諸多所謂的不幸的背後
無不是在提醒著你
該回家啦
那矢志不移的愛
便是始終在等著你的──
靈！我現在也終於
可以在任何地方
認出祂，並從中品嘗到了
真正的幸福
所以也越來越喜歡
離人獨處

# 插 花
## ——不是個人都會那事

將宇宙乾坤縮小
縮小、縮小……再一次
同比例縮小……最後,我眼裡
就只剩下這一方
小小的花器

有象徵萬物之靈的柔美
——花材置於花器之左
有象徵天地乾坤的富饒與豐盛
——葉材置於花器之右
有象徵造化的無形之力
——剪刀握於剪裁之手

在花器上
一邊呻吟一邊扭動的
是如同水蛇的腰肢
被尊作神級之愛的是那
無形籠罩天地
而那有形的一枝,則如
旗幟一樣站了高位

其下平躺的是我
迎合著花枝氤氳所幻化的
狂風暴雨，尤其是
花枝插入花泥那一瞬
渾身更是
顫動不已
熱情遞增
花意無盡……

花器上，花枝分泌出芳香汁液
那腰肢繼續扭動
又一次插入，花枝融入花泥
鮮艷的濃情陣陣高呼
此時，又有另一個我
瀰漫於花器之中
催動著一陰一陽
不斷創造奇跡

有時是紅顏色的玫瑰
有時是黑顏色的玫瑰
有時是黃色汁液
有時是白色汁液
如同野馬狂奔、一直
燃燒到盡頭

徹徹底底投入
療癒、整合、升騰……

蟲鳴、鳥叫、馬嘶……
一枝接著一枝插入花泥──
修剪成愛的絕唱

愛之花瓣、情之花葉
有點羞於見人的──
此刻被裁成一個隱喻
一會兒又裁剪成一聲
最最直白的高呼

花器上的身影
還在繼續扭動腰肢
花泥之上的部分
甚是不捨停下
花枝之下的部分
更是不忍休停

就這樣，最嚴肅的命題
被剪裁成一首詩
隨意而來的小美麗，被
停不下來的我們珍惜
困惑被戲弄、不解
被嘲笑，痛苦和悲傷
也無法逃出這
不要不要的一陣陣
歡騰的
熱
浪

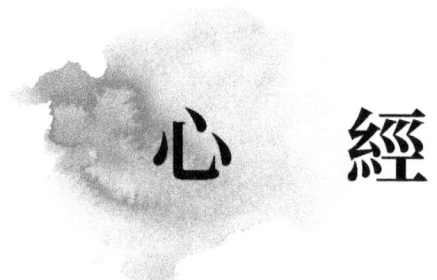

# 心 經

應該落地了,別再玩兒虛浮
將衣裝全都脫掉吧,現出你的曼妙身姿
將那雙透明絲襪也脫掉吧
就這樣赤腳深深踩進泥土
讓地氣穿透你全身,與天陽交合
就猶如一株輕顫的柳絮
跟隨清風舞動水面

如果你感覺沒有歸宿
那就應該早點下地了
在此之前,我也曾和你一樣
雙腳離地,手也很久未摸過鋤頭
鐮刀也已生鏽
栽種的手藝全然遺忘
曾經的伊甸園已然不是
蔥蔥綠綠

那麼你耽擱的這些時間
都在乾些什麼呢?難道也和眾多
匱乏者一樣,沈迷在

"名利情權"的遊戲里,感嘆人生不易
進而努力修煉各種偽裝法術
在一座座金身前誇誇奇談
毫無半點兒羞愧

直至讀到這部《心經》,才猛然覺得
應該落地了,雖然心地已有些荒蕪
但也無礙。只要開始
除卻雜草,松開土壤
加固田埂,播下種籽
然後唱著愛的歌兒等待,等待
雲氣在天空聚集、生成甘露
然後沿著你的頭頂百會
降落

這事兒需要一些耐心,以等待
般若智慧的種子發芽
然後開花,結果
然後繼續等待果實飽滿成熟,然後歸倉
然後轉識成智,將阿賴耶識
迷思之海的所有夢想圓融
以生出一個美妙全新的
三千大千世界

# 通　心

按：與友聊天談及「聲明」課習時，突然似觸動神芳與神姿妙合，其狀態，若游弋荒遠而甚喜非常……

友道：那天雲聚，一眾附怒而來
你為何就隱身了呢？
余回：

　　事功誠可濟
　　遁免庸俗氣
　　若不暫回避
　　弱蕊必傷泣
　　邪念附醜心
　　策動一惡局
　　眾苦之緣起
　　是心顛倒立

友道：事雖已過多日，心
卻還是有些難過……
余回：

憐愛勿憂兮
余心臥蓮里
香脂輕散沐
容姿妙態啓
汝心附吾依
吾誠甚珍惜
芳馨羞待兮
娉婷妍姿喜

友道：這兩天魂不守捨，望君善待之……
余回：

悟空妙然寂
有汝魂相濟
絪縕交織喜
實心未我離
天涯相隔兮
回眸笑語遞
至誠互慰藉
幻身若依依

友道：若飲甘露，渴之成黏……
余回：

汝心勿煩憂
光身展翼游
一字寶王御
群靈相邀聚
何由粘著兮
皆因織情劇
若離佔有欲
愛化無限趣

# 工 作

如何忙中顯德妙
靜息自可觀大要
喜亦妙哉憂亦妙
心境泰然樂逍遙

是的
看破無著妙然作
胸懷大愛無自我
真心致敬萬物性
念念如斯證真我

工作心
感恩你所擁有的
感謝對你幫助的
感化所遇痴迂的
感動所有經歷的

而且
工作要趕不要急
身心要松不要緊
無欲則剛寄自在
正直善良心篤敬

# 心 境
## ——聊天內容整理……

友道：觀之慧雲何顯用……
余回：

　　　觀內找真我
　　　滿溢能量活
　　　最終觀照者
　　　本心隨緣合
　　　我常無目的
　　　存在合本意
　　　勤悟妙藏性
　　　自足圓滿喜


友道：如何自修自證自照……
余回：

　　　愛花時刻開
　　　美妙入身懷
　　　當來自如來
　　　返去亦隨愛

生滅或枯榮
　　皆隨因緣裁
　　外觀迷中戲
　　內照悟天意

友道：不拒不迎又雲何契全機……
余回：

　　高人無選擇
　　隨順心性演
　　實誠合道者
　　無怨不急策
　　順隨自然顯
　　不強偏激限
　　看似很隨便
　　穩然合機緣

友道：包納何雲自娛……
余回：

　　有為不刻板
　　不慌無亂形
　　珍惜一切緣
　　輕鬆娛情性

友道：君子與小人有何不同……
余回：

　　　　君子有道填
　　　　所行必合言
　　　　君子周不比
　　　　小人比誰偏

友道：感覺你似乎不喜歡世俗熱鬧……
余回：

　　　　余今實麻煩
　　　　入世甚忌憚
　　　　似無可交心
　　　　雲何可做伴
　　　　若不遁寂歡
　　　　紛紜見悲嘆
　　　　興嘆是何由
　　　　痛惜人心朽

友道：你不是自閉症吧……
余回：

　　　　余心善獨處
　　　　與人無所抒
　　　　呆坐最舒心
　　　　不適入塵俗
　　　　市儈口一開
　　　　就若把命摘
　　　　余倒羨慕汝
　　　　執情人間栽

友道：一個人孤處不空虛嗎……
余回：

　　　　吾非真孤獨
　　　　仙屬常進出
　　　　醉陶幽靜屋
　　　　余心若花簇
　　　　清淨妙樂舒
　　　　身國喜氣沐
　　　　只是出雲坐
　　　　喟嘆紅塵錯

友道：如斯境界是神，甚奇，贊嘆！
可否寄述意象？
余回：

　　　　麗湖古美軒
　　　　掩映沙洲間
　　　　漁燈晚照淺
　　　　身半系塵緣
　　　　高維悉親眷
　　　　超脫俗塵氣
　　　　芳姿坐聖蓮
　　　　雲何孤獨寄
　　　　邸幕化羽仙
　　　　上演無限曲

# 醉

亭皋一吸，紅蓮續絡
酥胸一呼，洪濤極闊
息住，八十七萬妖邪僵裹
神回噪音里，百千萬億
曼陀羅，自動自發
轉陀螺

紈扇烽煙，羅衣秋索
一步流光，再邁
分身萬千國
三步跨出，浩瀚無垠星火
安住幽寂，紛擾如織交錯
死活間超脫

念起又山河，玄波醞娑婆
流水霞芳仙身臥
戲起身內
向外投射無限我
城池風雲，妙趣橫生
華光爍
三身合一酌

# 目　　錄

## 善用上智

棧山航海●大道通心●乾坤任舞
授福天資●慈悲喜捨●力拒漏作
心空聖顯●欲盡為空●金身妙美
問客旨宗●放下人心●六賊齊清
真如身幻●除幻見真●心息妄滅

參祂●品祂●懂祂●圓成
棄情●參秘●禪臥●參定
看見●恭慈●歷見●真諦
內醇●慈外●海心●活活
活脫●豐沛●神態●是然
譜願●得助●德香●恆活
洞察●警行●感恩●運命
正錯●謙合●濟祿●慧道
言質●謙真●看透●識妙
蠢樂●卑警●束言●看明

歸性●歸命●得性●得活
曲命●長進●勸醒●莫亂
錯地●悟正●受廣●合道
活道●活平●顯德●真樂
回家●恩活●闊福●寬渡
致友●妄納●悲祿●慈我
印心●入塵●渺執●神合

同心緣●大道行●定慧見
異性緣●棄凡庸●樂嘴定
歸家辭●贈友書●兌印語
騎牛樂●黑浪清●僧伽吒
錢罐罐●洩冤怒●正化性
正道行●慈威定●結正果

秉持真善力●鬧中得自在
致明白者書●應平等愛心
大道通天●學以致用
雨中花影●美慈之心
態度●真警

# 棧山航海●大道通心●乾坤任舞

## 棧山航海
### ——德果還生

恭愛濛鴻醒者孤
驕馬雲心啓航路
同心同德人天助
瑞氣盈盈花雨舞
顯：
論德使能斯建業
聚沙成塔善力儲
幸福綻放九和注
推誠待物把眾渡
潛：
悉心盤點八識庫
所雲真妙無窮數
張枝散網光影煥
穩坐道源命自主

## 大道通心

安住當下放寬心
過去未來自感應
腳踏實地不逃避
大千世界一同心
若：
桃陽子結運呈祥
朝朝暮暮喜無盡
天籟笙簧協奏曲
還向菱花鏡里戲
潮海物象千秋錦
隨意嬉遊寰海移
為：
九轉微茫變大千
冷攜初霜集合趣
金身運載陰陽妙
神通已成圓滿體


## 乾坤任舞

身相萬千億現
更著妙意藏性
一落小我索頸
迷圖別造坤鼎
絮：

一聲歌起繡簾
肺腑鶯鳴柳舞
任花落酬斂會
偟香何妨玉醉
正減恩怨疏途
莫倚東風情惑
咭：
細敲思索煙影
春陽早解愁容
遏制繞擾霧雲
更取花後妙空

## 授福天資●慈悲喜捨●力拒漏作

授福天資
——參加銷售培訓有感

運作海心計
斯雲慈悲濟
精釀質品喜
內秀添慧翼
此誠菩薩德
傳遞善美意
汝等多費心
共力譜傳奇


慈悲喜捨

寂祭運妙勤
狂心洩泥醒
霜氣周旋緊
捨身蕙蘭薰

力拒漏作
——必須堅持多乾實事少吹牛皮

嘴巴說翻天
行功蝸牛苑
藉口一大堆
庸妄反稱冤

# 心空聖顯●欲盡為空●金身妙美

### 心空聖顯

欲超三界談何易
隨煙著物即攪擾
萬法雲生化蒼穹
三心不除難見妙
過去心歇入空境
當下無念有觀照
未來心滅解紛憂
去欲存神是訣竅
詢令意馬來歸順
靜養神睿心猿消
一體靈光加被緊
水霧煙波空靜渺

### 欲盡為空

聞道凡塵，離家望遠
顧吸精元，大妄勞塵
為此
再蹬仙樓，問道慮仙

輕風迎載，金身自羽
正是
有心見怪，意繞毒雲
情身業作，下沈如鉛
內找
問參東聖，元心本真
精輾韻意，俗身欲盡
如是
花落台池，靜影空妙
自春生變，踏步雲霄

## 金身妙美

蓬圖美景玉雕闌
仙姿鸞駕鳳乘依
雲態風輕花自美
緲緲山河雲霧稀
或化
禾草秀色舞兵陣
時隨蓓蕾開枝翼
灑豆成兵壯我雄
化木為軀封將璽
或變
流水蜿蜒路潺意
碧潤映收曉瓊息
起演成身萬千億
動靜無礙美妙極

# 問客旨宗●放下人心●六賊齊清

問客旨宗
——寒捨對禪記

寒潮景蕭，會雲心子。
因念翠往，杳隔音塵。
霽意高去。
玉國瑤宮，凌神揮就。
歲華吐蕊，曲波銀浪，
瀲灩無垠。
淡天遠意，冷浸芬芳。
再寄山河，帷夢問鼎，
何處尋蹤？
相望凝眸。

注：宗者始意也。

放下人心

輪回不斷惡六賊
滾滾意流合結瀦

蒼埃霽景成陰晦
只怪業作身成毒
洗肚換腸除垢物
放下人心方得助
無所貪著心自安
身心清淨蓮台渡
聖水神露共滋濟
天道無親唯德輔

　　六賊齊清

意為賊首當歸空
鼻嗅香臭勿喜厭
眼見無欲心念止
耳聞好壞無分別
身觸冷暖不計較
舌根嘗味莫貪戀
當下歸空自了度
六根清淨無染著

# 真如身幻●除幻見真●心息妄滅

### 真如身幻

心猿稱聖,意馬狂騰
忘羊多歧,迷途多坎
猶如
梅花化雪,錯認假真
一枕沈酣,幻夢成顛
若是
疑假疑真,多成圖妄
上痴懸壁,自大成狂
感嘆
攬鏡迷天,奈何自詡
雨打芭蕉,葉塵依泣
得失隨緣,公平天理
貧富從業,苦樂相濟
輪回不盡,只因痴迷
若能
心靜空幽,脫俗超凡
悟道修身,自可高去
耗息合性,是非照見
佛魔同體,自成妙趣

## 除幻見真

絮柳禾青物繼濟
四季時遷隨輪轉
萬物一體須謹記
精氣神固光芒燦
乾坤妙趣巧神功
如虹貫日除塵幻
六根如繩成牽絆
欲脫輪回先斬斷

## 心息妄滅

紅塵滾滾妄風蕩
顧慮煩憂病心傷
峰迂路回迷宮影
夢牽魂移自迷茫
應知
妙空妙有妙萬千
何由獨乘私慾航
同心同源大機要
放下貪著載吉祥
是啦
花開花落本無意
是誰輕嘆碎柔腸
若悟息機唯一念
當下即入佛廟堂

# 參衪●品衪●懂衪●圓成

### 參衪

天恩漸顯心神愛
水雲初靜芳尊待
欲語還休塵緣栽
笑看風雲遍地彩

### 品衪

月色波光裁不定
近身雨霧荷魚親
迷彩色圖落花影
玉身虹橫臥金鱗

### 懂衪

染色無添空靜美
自然風歌護花蕾
妙蕊回春夢已醒
機語暗遞彩雲堆

## 圓成

起起落落人生道
隨緣了願把業消
愛心處處行方便
時勤奉獻多總結
更要
多包容來少抱怨
時時刻刻除偏見
修心養性淨口業
利害得失莫糾結
應知
唯煉逆境乘宏願
方得圓成大功德
唯棄自我慈悲顯
心動法隨起妙演

## 棄情●參秘●禪臥●參定

### 棄情

洞府闊天多妙喜
卻墮彩幻小情義
懸目靜觀欲中戲
坐困小道惑私迷
樹欲靜兮風又起
貪飲塵湯成醉蝦
畫溪山行何縛枷
淡然一笑看破它

### 參秘

平安在心安
心安因有愛
愛在心滋美
心美福花開

是啦
有愛心活潑

心活靈亦活
靈活人自樂
自樂因緣合

呵呵
緣合關係親
內好外在好
開心見美妙
妙在入微竅

禪臥
──睡過之後

清明
透過源頭活水而來
圓鏡映照群山
冰心玉色
與脊柱一樣透明
肋骨排排擴出浩瀚星象
意識空靜靈
細長的脈絡流淌龍虎風雲
一山綠過了
然後
一山山蘇醒
似曾反復皆省莊周夢蝶
只是已記不起
睡前

試圖
走向的那個遠方

參定
——復百合貞之騎牛回家導航

皮囊乾坤密鑰
專注心竅探找
雲霧和身淼淼
心池靈光最妙

下行
向內履冰步踹
時刻光照雲篩
慈悲心境照曬
海龍順旨聽差

上行
猿馬之上有愛
仔細辨查莫怠
功夫片刻朝外
外魔瞬入加害

# 看見●恭慈●歷見●真諦

### 看見

別人缺點易發現
自身不足最難見
雲何坦蕩莫掩飾
關鍵去除偽裝面

而且
智慧非是知識多
慧質亦非經驗累
聰明靈巧非思辯
修煉提升在超越

是哦
佛門慧寶藏心器
少有善智識真意
開悟佛理得妙趣
不入混呆頭腦戲

## 恭慈

絕不傷害任何人
敬人人敬才顯貴
遭人誹謗又如何
清者自清坦然對
誠是
仇恨難把仇恨化
唯有愛心能融洽
放下自我樂開花
大愛滋濟你我他
若是
人連自愛都不懂
又何懂得愛眾生
沒有能力學做人
何談聚義演封神

## 歷見

事實已成那模樣
接受總比抱怨強
若能靜心細內省
新路即開不迷茫
是的
唯有經歷了情苦
才會懂行慈悲路
唯有一顆精進心

方可消融能量堵
若問
遇上麻煩怎脫險
大愛慈悲智慧圓
心隨境轉不自主
唯心轉境方如願

　　真諦

那廝外表雖然美
稍一相處就倒味
深入瞭解才知道
乃是浮華一菌霉
應知
現在所得過去續
未來所得現正聚
籠梅傲雪慈悲喜
修性圓成高天去

# 內酵●慈外●海心●活活

### 內酵

她用身子做交換
自尊鄙褻樂諛諂
冥暗心理伺覦欲
咸是因為太貪婪

是吶
得不到者成誘惑
實情並非那麼好
人道美景在對岸
皆是因為瞭解少

咋整
請君勤修自尊愛
溫柔和氣沐花開
若遭不滿或委屈
融融撫慰真心待

## 慈外

情執本是苦惱因
為何不放反抓緊
放下方可得解脫
隨緣過活最自在

是吶
煩惱是假莫當真
麻煩其實也一樣
莫要緊盯客體活
當下心美花自芳

是哦
當你真心悟證了
無論看誰咸歡喜
當你似懂非懂時
所行硬生不順意

## 海心

毀人只需一句話
救輓盡耗萬言書
修心美言謂何故
只為慈悲把眾度

是啊
你若真心把人勸
就得顧及他人性
光講道理有何用
誠要呵護自尊心

是啦
知見各異不同頻
更要包容莫生氣
日子不幸或幸福
就看爾心悅納度

活活

用好奇心生活
用平常心處事
用恭敬心對人
用慈悲心待物
嗯嗯
成敗得失坦然
自在解脫有伴
步高雲天智看
給人方便得賺

# 活脫●豐沛●神態●是然

活脫

需要的不多
想要的太多
慾望一蠢貨
被縛難解脫

是啊
踏實做人好
穩妥做事高
安住當下活
身心俱解脫

應是
放下自私我
利他同利己
一生得與失
沒啥了不起

豐沛

整體個體一回事
同樣重要莫偏向
整體為何得繁榮
全靠個體獻芬芳


得樂
當下所得亦最佳
滿意之心會雲駕
功於法中顯平淡
不圖佔有棄浮華


神態

經綸天下有心法
遊歷山河亦瀟灑
不用權謀圖欲佔
隨緣笑納織小家


誠然
宇宙原無你我他
是心分別結冤家
回顧過往偏自大
如今歸隱恭敬娃

是的
若能甘願守淡泊
擁抱寂寞也不錯
為何孤單現無聊
只因缺愛心枯渴

  是然

來的裝成是偶遇
其實也是一必然
緣來緣去就這樣
懂得珍惜方燦爛

如是
活在當下存敬意
做人做事平心氣
面對現實超現實
慈悲就是好武器

如今
世間不乏見圓滑
未曾得見真圓滿
修行最要存真性
一旦失真必麻煩

## 譜願●得助●德香●恆活

譜願
——友問泰合事

泰禾一枝花
寄託世人家
今人心狂亂
花魂亦悲嘆
若問何可行
大愛築心城
勤聚善德力
深修俟時機
並時守內觀
無私燧器煥


得助

物載此身一舟客
生死死生一條線
宇宙分出萬千國

應依何功護正殿
答曰：德智福
具備慧眼是智福
運氣綿延乃德福
智德同福悉願如
語出法隨眾神助


## 德香

你若在乎名聲美
此即牽絆縛身累
你若寄宿是非道
此即陷阱亦玩笑
雲何應對？
答：
用心傾聽眼神在
別人說啥莫責怪
亦不急著去表態
表達看法應實在
再者
你若身臭不洗澡
越噴香水愈不香
名聲美德靠什麼
才高有德自芳香

## 恆活

生死觀念如何破
恐懼來了又如何
超越生死合真我
放下包袱自然活

呵呵
一天到底如何過
無所事事空虛裏
來點刺激燃起火
安住當下滋愛果

# 洞察●警行●感恩●運命

### 洞察

你要瞭解一個人
光聽嘴說還不行
是否真心看動機
用眼觀察用心品

是的
大多數人一輩子
自欺欺人被人欺
別人騙你就幾次
你騙自己一世紀

而且
太過欣賞自己者
大多不懂欣賞人
從不在乎別人者
多半只顧自己活

## 警行

修行觀照大妙隱
時刻提示要警醒
如履薄冰如何進
靈智引航穩然行
前身扶攜已然過
念念坦蕩勿怕驚

## 感恩
### ——聖愛之光寄

生活幸福道，你我都在找
研習了凡課，知命運命好
此心得滋澆，若露霽拂曉
發動美愛慈，自韻情塵調
無需向外找，袪棄凡塵躁
善惡一心包，更得真實妙
只因太奧秘，未及領深意
若苗剛露土，就要領風雨
萬古緣份續，問君何所依
滿腔關切語，不知雲何啓
內心懷敬意，感觸亦頗多
只道誠感恩，客套不必說

## 運命

身心寂滅，圓覺妙湛
隨順覺性，實景光燦
非色非空，不空亦非
空妙無別，二元交匯
體啓何用？
妙心寂然，所見皆我
慈悲常濟，善因善果
有來有應，任運有情
是心恆淨，隨緣運命
雲何成障？
緣起成影，融情忘境
分別成參，隨境牽心
事障理障，皆因無明
雲何解脫？
平等本際，滿美豐碩
貪愛縛命，自不好活
若證無我，當下解脫

# 正錯●謙合●濟祿●慧道

### 正錯

好心一片常遭棄
只因各自執己見
何必因之起煩惱
哀者無知亦無意
善待

若是你錯莫掩蓋
任性吵鬧即傷害
是非對錯不重要
愛心飽滿花自開
善忍

明明你對是他過
偏偏冤枉說你錯
那就替他去懺悔
願意吃虧打得堆
善生

他若謗汝背黑鍋
不必難過應快活
別人永對我常錯
惡業消盡結美果

## 謙合

即使對方不像話
也應包容寬恕他
某人不合你心意
切莫苦惱或生氣
是吶
你若不能去原諒
內心自然欠安詳
但凡空虛怕孤單
皆因缺愛怎呈祥
是的
能替他人去設想
方能承載有擔當
若是一心只顧己
必無出息難主張

## 濟祿

生活你要惜著過
千萬不要比著活
莫怨自己沒鞋穿
有人更慘沒腳穿
用心
默默關心與祝福
同樣可以集福祿
此種表達雖無形

卻把心性來突出
反省
你若渴望被理解
同是自我未看開
自立利他心安泰
破除我執真心待

## 慧道

若問人心裝著啥
自我思維知見掐
眾生整體何模樣
很少有人去想它
誠然
當你知道不妥時
雖然可嘆尚有知
一旦糊塗至麻木
那才真叫一愚痴
若是
聰慧之中夾傲慢
如斯聰慧脆弱伴
若是謙虛無智慧
同樣貧贏沒品味

## 言質●謙真●看透●識妙

### 言質

這個世界真無奈
是人皆苦無例外
何道人間是苦海
皆因人人負業債

是的
外來快樂一定走
痛苦同樣不長久
待到惡業全了結
當下自在無欲求

嗯吶
你若真走修行路
創傷到來不添堵
壓抑偽裝內藏毒
真實坦蕩才舒服

### 謙真

福報淺薄是非多

愛聽是非亦是過
福報豐者心開闊
從不揪心對與錯

記住
修行功夫在點滴
不乘嘴快吹牛皮
別人看你不順氣
多是執著認死理

是啦
一遇麻煩就嘆息
如此心境雲何立
盡是順境如何修
果真如此定無戲

看透

認識內在是根本
降伏自我即修行
改變自己應在先
他人改變自隨心

是的
有情有愛亦不錯
只是鮮見活真我
今日貪婪若不放

明日後悔不商量

不錯
緣來緣去如何防
到該放時就得放
即使不捨又怎樣
緣分盡了莫悲傷

　　　識妙

派生遊戲雲何妙
欲懂生命須悟道
安住當下才最好
因為愛在對你笑

反觀
生命於你啥光景
瞭解人生須知運
你若不解風趣情
七情分裂誅五蘊

是的
看淡絕非不作為
得過且過日敝穨
因循苟且死氣匯
活出真愛幸福會

## 蠢樂●卑警●束言●看明

### 蠢樂

是是非非實在多
聽而不聞自在應
不認同它不評判
傻傻樂樂不著痕

是吶
討好攀緣不真實
怎得灑脫遇相知
當人能夠誠實時
必能感召真情至

嗯吶
你若心中懷不滿
能量糾纏麻煩慘
計較他人苦自己
這才真叫一傻蛋

## 卑警

狂妄其實蠻可愛
自卑才叫一苦慘
狂心尚能添笑談
自卑卻同一死蛋

是的
一切惡法本虛妄
狂野背後是魔障
善法其實亦虛妄
自貶自低才冤枉

呵呵
你若相信你很高
那是你比觀念小
汝若認為汝卑微
那是自扮傻聾包

## 束言

管好自己莫惹禍
莫要隨便道人過
不苦自己苦他人
何不悅納一起火

是吶
若道某人真可恨

其實自身亦可悲
即使有才又怎樣
說三道四弄是非

有道
說話做事憑什麼
問問良心如何做
不是做給他人看
乃為修心習功課

看明

人皆被縛是為啥
認知錯誤致盲瞎
貪嗔痴慢皆有份
應勤內觀滌愆瑕

是哈
你說痛苦是何故
只因內在藏怨毒
若道是誰傷汝心
皆是自我太糊塗

是的
你若心大不計較
又從何處起煩惱
一切都是自主導
旁人只是陪你了

# 歸性●歸命●得性●得活

歸性
——悟空

敲搗石開花
對錯自縛枷
結子永時陷
欲歸不識家


歸命
——同緣

夢劇數千年
身修內美慧
起演大夢歸
邀君一同回
八識大寶秘
一定要參會
若話聖精靈
本在汝心內

　　　　得性
　　　——玩字訣

　　心空納萬有
　　乾坤一身兜
　　入座如來性
　　瀟灑大千游

　　　　得活
　　　——悅納訣

所謂放下非指物
乃是對物不執著
除卻分別是非心
得失隨緣自在過

故要
感謝逆境莫嗔恨
應懷慈悲坐道生
應參真我中正秘
何故令我不如意

是啊
修煉第一是淨心
身國安寧自芳馨
何必怨惱人顛倒
世間本就如此活

# 曲命●長進●勸醒●莫亂

### 曲命

欲知世上刀兵劫
但聽屠門宰殺聲
不要光怨身患病
災禍橫生皆有因

是故
眼前現狀應接納
已成事實就是命
與其排斥當下運
不如修身往上進

是啦
自以為是稱老大
實情也就一條狗
攀權附貴虛聲勢
奴才心理不自由

## 長進

點你盲缺莫難過
倒應積極去修復
感恩一切愛力注
艱難險阻唯心渡
不錯
神佛菩薩樂施助
就看信心足不足
你的願力若真強
眼前無路皆是路
是吶
勇於挑戰自做主
逆境成長必經路
戰勝困境命光燦
幼苗長成乾坤柱

## 勸醒

忌妒別人沒好處
只會成就倒霉豬
心理失衡自安撫
放大心量莫添堵
面對
不喜歡的人和事
學會包容愛心濟
當下因緣要珍惜

莫花時間去生氣
面觀
今古離世大德賢
皆有覺悟醒人間
判人是好或是壞
皆是頭腦在分別

　　莫亂

現前機會把握好
機緣未至莫急躁
沒有善緣先營造
隨遇而安守心廟
是的
消耗生命為貪欲
必然後悔定遭殃
內心若無抓取心
能量自然不糾纏
是的
你若真心看明透
浮華誑人小心焦
你若真把欲求放
煩惱煙雲即散消

# 錯地●悟正●受廣●合道

錯地

憎恨別人自慪氣
討厭自己更不必
你若計較得與失
要想解脫真沒戲
你道
傷害他人為哪般
無非護醜使手段
可恥不是有缺漏
而是掩蓋反裝蒜
應知
業報因果輪迴路
明理觀照別糊塗
不擇手段去抓取
福分耗盡把命輸

悟正

直面紅塵是非多

處理事情勿偏頗
看破並非為放下
豐滿人生有自我
嗯吶
自身漏點知愈多
成長路上越少錯
自身執著越能放
生命能量越鮮活
嗯啦
富貴貧賤不同相
乃是福報不一樣
若論成敗分得失
了悟真理才算王

　　受廣

常人喜歡責別人
越是責怪越起恨
自身到底啥問題
咸少反省捫心問
是的
任勞者必堪任怨
任事者必遭批評
批評之中掘金玉
怨言之下慈忍平

## 合道

大宇洪心我在
妙心慧見花開
不真同化無路
胡亂所為添堵

正見
內找喜見真我
觀內慈悲花國
精進並非拼命
誠合本源同心

正知
過去已成記憶
未來尚是夢景
無須牽掛過去
把握當下要緊

# 活道●活平●顯德●真樂

### 活道

人生真理何處尋
忙忙碌碌幾多春
平淡之中藏真相
看似無味卻芬芳
是哩
情心難及慈悲美
色相分別飲欲醉
降身侍牛何滋味
顛倒乾坤實可悲
嗯吶
適可而止是中道
眼光不要老看高
心氣高了下不來
稍遇逆境就心焦

### 活平

誠實面對自身心

污點矛盾一起清
何故偽裝騙自己
且容淵怨當下平

是啦
何必抱怨道不幸
悅納一切省己過
人若攀比必煩惱
應育心田慈悲果

嗯啦
萬般虧欠皆因果
應養心性度餘生
能量糾纏怎自在
無事生非自挖坑

### 顯德

正人行邪邪亦正
邪人用正正亦邪
閒來清靜觀化變
一切唯心正負演
是的
人人都應冷靜想
活著到底為了啥
當下所圖是什麼
你應求的又是啥

是哦
修煉不是求寄託
悟透生死方解脫
圓滿並非指將來
乃是當下無漏活

## 真樂

平常一定要留意
此刻為何不快樂
你若當下很開心
更要留意是為何
誠實
一遇不順就苦悶
多是修為太膚淺
一旦順意就開心
可能比苦還危險
誠然
若遇順境無所樂
定是內心曾受挫
若是獲利才快活
內心匱乏不用說
誠是
若遇考驗反而樂
此人修為定不錯
有事無事恆常樂
斯者必然無自我

# 回家●恩活●闊福●寬渡

回家

紅塵渡劫因無明
貪情戀欲身受困
忍功無力公牛悶
能量躁動不安分
是的
心猿安分可馭馬
意馬受制無苦憂
億念歸真乾坤泰
天地清明瑞氣藹
是哩
歸途不遠亦不近
要得清靜把身淨
猿心意馬皆返家
御道歸真度有情

恩活

應常感恩已擁有

更應慈悲待慾望
勤從他人角度想
廣積陰功沐芳香

是啦
良心乃是審判官
你可別當是戲玩
你若騙人騙自己
無形眾生定不依

應知
生離死別是必然
哀傷悲泣一個慘
你若了悟生與死
天地萬物一肩擔

闊福

積福方能享福
惜福才能延福
常懷慈悲種福
安住當下培福
應知
刻苦有助起步
機會促飛高處
報恩助力成就
佈施廣德天助

應是
盡心盡力為事
誠心誠意待人
順境得享怡樂
逆境成就恩忍

　　寬渡

那路現目前
天龍護法顯
神光極耀眼
坤乾福德全

# 致友●妄納●悲祿●慈我

## 致友

呼吸促風大
靜觀世演化
戲耍姿態佳
詩心育仙葩
語寄

柔情氣嬌依
海騰歡喜濟
美韻演多姿
見證開心地
情寄

開悟自覺醒
動靜勿隨影
樓台觀景妙
心入深處靜
心寄

空閒似忙碌
忙碌若空閒
身空無所住
能納天地物

納妄

喜愛想佔有
討厭看不慣
自私自利伴
遺患添麻煩

過
盲迷苦海轉
嗔心吸蠢頑
縱妄寄傲慢
執著自羈絆

失
煩惱附身粘
徇私仗熊膽
壞事一做盡
業報降臨慘

悲祿

慈悲無對立
相爭煩惱起
空心活自在
所遇皆如意

是哩

虛心學人優
人生多豐收
成願自然好
違逆向內找

是哦
心氣莫太高
開心和面笑
悲心集福報
開闢吉祥道

### 慈我

勞而不疲能量活
忙中不亂避差錯
轉苦為樂濟身國
逍遙自在一真我
嗯嗯嗯
切莫緊盯他人過
如斯毛病猶疽瘤
斤斤計較自拘鎖
放大格局才開闊
哈哈哈
何人為你解困惑
還能勸你如何做
你有卡點善開導
如斯之我有幾多

# 印心●入塵●渺執●神合

印心

庚寅臘月二十二日與蔣、雷共修，見蔣身現幻，名：慈花佛刹，見雷身化變，名：聖莊嚴土，並記之。

　　二冠翠麟天地
　　威然正氣年華
　　正心正念正行
　　更堪載任有序
　　疏竹度迎心語
　　輕風移步金身
　　化現旁襯妙形
　　伶伶俐俐清新
　　彩秀美正精神
　　慈柔眉目真情
　　邀約山河慧智
　　廣袤方所寧馨

## 入塵

盡心盡力為事
真心真意待人
順境得享美樂
逆境可修悲忍
何必計較過往
把握當下重要
緣分本有善惡
觀照接納就好
只要覺得心安
東西南北皆妙
隨緣惜緣淘淘
安住當下入道


## 渺執

遇事冷靜寬心懷
柔合眾生定有愛
那人到底有多壞
何故把你來傷害
抱著執著與分別
不知不覺就結怨
越是自我愈吃瘺

自以為是甚膚淺
廣結善緣心態謙
善德匯聚福壽全
願把自己壓低點
才有真正尊貴顯

## 神合

五臟六腑騰瑞氣
一載身舟花鳥溪
身韻追古懷往事
漁樵伴侶嬌媚衣
美姿共醉波江渚
賞岱荷花襯淚竹
雨途一杯滄桑液
標外塵嘆誰做主
花發伊園草薰呆
韶光明媚乍睛猜
美暖清和慈悲愛
風起雲湧大自在

注：真正放下自我乃是融通不二，自然能通草木、花鳥等一切動植物之情態語，此詩描繪之一小幕即內身景，乃悟人醒昏之遊樂，其神樂之妙然與大自在，即本來面目。

# 同心緣●大道行●定慧見

同心緣
——賀中秋

祝念流光追
生機最美味
命氣若浩然
真心光明磊
相伴月圓時
群芳襯高魁
家居自性宮
人間傳佛慧
中道入妙玄
秋風送榮歸
快把大道傳
樂觀人生美

大道行
——九和甘露

是處甘露沐

歡喜於心出
蔥蔥佳氣漾
更淨妙明珠
有說脫胎骨
美心光霽霧
神彩見飛揚
心門不再堵
華闕中天主
內藏大寶庫
九和是一家
塵中煉心殊


定慧見
——玩就玩唄

持戒為皮禪定血
智慧為骨大寶現
真性非身天地旋
法體化相時常變
是哦
圓覺妙明大秘訣
遊戲之身妙無限
底體旋藏乾坤演
直道隱趣萬象間

241

# 異性緣●棄凡庸●樂嘴定

異性緣
——藏頭

投射隨緣影
懷納恩怨清
送迎無執念
抱持愛字行

棄凡庸

創造機會是勇者
消極被動必擱淺
光說不做有何用
真能假能得考驗

樂嘴定
——記一段群聊內容

急事慢慢說，大事清楚說。
小事幽默說，壞話不用說。

不合汝心意，就事論事說。
事關第三人，務必小心說。
傷害人之語，千萬別亂說。
即使開心事，亦分場合說。
若是傷心事，更別隨便說。
事若無根據，小心試探說。
但凡未發生，千萬別胡說。
做不到的事，留點餘地說。
當下眼前事，先做後再說。

# 歸家辭●贈友書●兌印語

歸家辭

一生到死為啥活
命運蹉跎開心麼
聲聲悲泣喚小我
洪身不悅應思過
心地深處本尊坐
雲水青山是寄託

附：
人心若猴猿
妄念似野馬
二者各立寨
真我亦無奈

贈友書

寶鼎現出彩珠
天啓經綸妙悟
巡查妄念猴情
逮捕八戒貪心

鑒誡
霧帳迷中小住
謹防凡情做主
欲得神皋根本
應捨凡夫庸俗

告誡
妒忌幼苗露土
身心內外添堵
敢情持刀滅蛀
君心可否有數

兌印語

皇馬破門圈
美姣花容變
斯是勾緣現
惠心吾得見
精釀度步高
內喜契外橋
悲洗黑浪清
誠謝護碗心

附：秀致電為未到店而抱歉，吾聞聲甚喜，正寬慰，恍惚一王駒破幻空而出，駕馭者乃一仙子，見吾與秀兌印，便賜山野花樹漸次盛開，並滲透出吉祥氣縈繞周境。又見本已枯萎之樹突顯返春之相。同時想起秀之前所做為吾護碗碟之夢，故領會其意而復如上句。

# 騎牛樂●黑浪清●僧伽吒

### 騎牛樂

筵開啜飲美圖嬌
銀塘淺染公牛笑
金堤如繡玉瓊妙
王者歸位霽光韶
喲喲喲
對景成嘉愛液澆
觸目深情雨瀟瀟
茫茫人海寄真愛
玄機奧妙何處找
嚯嚯嚯
拔除田間私慾苗
往來攜手肝膽照
牧牛童子樂淘淘
圓成大千豐盛道

### 黑浪清

按：雲靈出遊，至污穢地，欲毀之。忽感慈悲一嘆，改對污穢示以誠愛，勸言應主動接受同化，污穢及內腐物，當下歡悅而頓化清明，特記之。

溪水成污枯
游魚亦熏腐
勸受同化法
當即樂開花
頃刻
腐水化清流
牽引潤地游
滿野錦繡書
珍禽異鳥舞
更見
奇禽異獸徜
芳馨花怒放
一路旅魂歡
大愛慈悲伴
見證
乾坤甚穩固
妙法順心應
滿美吉祥運
天地換新景

僧伽吒

三字三妙煙雲伴
真機時顯金爐滿
捧賀相贊品類繁
游念浮猜續航帆

# 錢罐罐●洩冤怒●正化性

### 錢罐罐

一切財富之擁有
空來空去帶不走
轉給子孫去繼承
子孫無德反蒙羞
不如佈施換成德
此德能助上九幽
人若因錢而墮落
福報耗盡地獄因

### 洩冤怒

花蓮地生霉
爽口海鮮味
潛龍在淵吼
惶恐誰安慰

附：2015.4.20台灣花蓮6.4級地震，此應翌日赴台灣參加萬人念佛法會的戴蕾之請而作。

## 正化性

月滿得雲裁
心定喜雨來
中道不偏倚
放下得自在

# 正道行●慈威定●結正果

正道行

心懷蒼宇,不允私貪
清潔底欲情

身戲人寰,大道勤參
扶正三才形


慈威定
——如何面對習染深厚孩子的教育問題

孩子學壞不聽話
更應寬恕憐愍他
罪業愈深越可怕
切莫因此捨棄他

結正果
——寄語同心開永恆歡樂喜路

一塊心田化大千
警惕觀念自主權
降妖伏魔正身苑
智轉八識成妙演

正好
是處迎春臘梅艷
羅綺序開演繹炫
善根深厚入正殿
進得門來煩惱絕

正妙
頓悟乾坤玩字訣
退隱後台觀景變
此間隱藏大秘訣
萬義俱顯妙無限

# 秉持真善力●鬧中得自在

秉持真善力

空無四大陡然興
誰識本尊混元體
出沒無影有機意
時運五行煉元神
緒影雙飛滿圓缺
甘露時起蓮坐升
尊正素愛清香濟
陰陽共導風雲戲
派演得成無量趣
魂痴魄執墮坑欲
遊戲大身韻味深
本我獨坐無形真
善惡不異二元分
構築大千萬千形

鬧中得自在

徼情纏韻千古
恨難窮崇悟空
超萬有駕雲龍
颷輪體系無蹤
自在逍遙仙翁
昭如日月塵中
妙形妙演妙變
滿美馥郁蔥蘢

# 致明白者書●應平等愛心

致明白者書

　　按：友人近日感嘆諸多、收穫亦頗甚豐，且接二連三次在線告俺,曰：徹底明白了,我真的徹底悟通了,那個最本質的遊戲我也知道是怎麼玩的了,我找到那個最根本的「一」啦……,雲雲,極為豐滿、喜悅,吾亦甚喜,於是便有了如下字句：

尊主意圖甚廣洪
自我難度幾人懂
君若悟透自震撼
十方世界一片贊
千難萬險亦等閒
誠是可載乾坤擔
親疏遠近無分別
助人修悟慧眼看
心懷慈悲侶道伴
齊度眾生把家還

### 應平等愛心

笑意親清，深深聯誼
或絲竹情，或管弦意
花間影弄，行行美趣
一觴一詠，幽情會敘
游目騁懷，濤海志溢
天朗氣清，子心暖息
榮華獨立，惠風和頤

# 大道通天●學以致用

大道通天
——甘露雨

斯人懂運甘露濟
如虎添翼三才進
三年一轉定格局
自在光天自圓明

學以致用
——正祥同學會

福慧系蓮意
州九四海聚
正心誠意兮
祥風時雨濟
孝子慈孫佼
親仁揚善道
尊賢敬老兮
師道尊嚴耀
了身達命故

凡塵淨心初
同功一體兮
學以致用固

　　附：感恩正祥，感恩全體孝親尊師組的全體了凡同學

# 雨中花影●美慈之心

雨中花影
——閒山明月離隊參學贈言

細雨蒙蒙語
百花蕩漾意
明月高尊去
輕雷道賀喜
晚風送單衣
松聲驚醉迷
隨心大千旅
遍地芳草綠

美慈之心

熏蒸蓮芯上演紅塵戲
颼颼情院寄託山河氣
揚我度舟美暖淨蓮池
碧華靄歌蒽蘢甘露濟
笑語歡聲皇穹無盡喜
應邀風送寓客歸來去

時刻妙變喜濟意中和
遙山堆翠寄語相愛意
物正行端殊落運呈祥
仙姿霓裳雲渺性湛寂
獨立閒亭宏微靜觀息
斜月三島慈心誰解趣

## 態度●真警

態度

面對每天的工作
要用最好的準備去迎接

面對事情的後果
要用淡然的心態去面對

真警

你若喜歡聽是非
趕快洗耳去懺悔
你若喜歡道是非
此即污染屎糞堆

# 后　记

　　詩詞之美，韻律之雅，流芳千古，人之六感無不歡喜嚮往之。

　　每個時代的文化都是上天的安排，歷史上的文人墨客自有那個時代賦予的文化特性，他們的詩詞在文字編排、情感抒發上都烙上了不同時代的印記。無論是家國情懷、人生感悟、友情愛情的描寫都是獨一無二且深入人心人性的。亦有一代代的聖賢，同樣以詩詞的形式，留下了自身修行的感悟，來啓發大眾的靈性，喚醒沈迷中的眾生……無不充滿著對人生的哲思和生命昇華後的喜悅，為中華文化的傳承留下了濃墨重彩的篇章。

　　今天——靈性時代到來的臨界點，治心老師同樣以詩詞的形式、今人的語言來傳譯和解碼生命背後存在的奧秘和真相！

　　每一首詩都是他對生命在不同階段的成、住、壞、回歸過程的傾訴，亦是對生命內乾坤之潛意識天馬行空、變幻無窮、無所不在的寫實。讀之無論是從現象層面，頭腦層面，感受層面，還有心相層面都是全方位浸泡式、裡裡外外的美

不勝收，或淅淅瀝瀝潸然淚下，或胸中激蕩風捲雲舒，或丹田處歡歌起舞，或心靈里寧靜安然含苞待放……慈心悲語，聲聲喚醒，悄悄然中，不斷地整合提升改變著讀者的潛意識能量，直至蘊育成蓮！

　　每一首詩亦都反映了治心老師幾十年的實修實證，於無形處透過組合成我們生命不同大小的粒子滄淵，默默地牽引著一排排一列列的幽蓮，飄然回歸往生命最神聖幸福的源頭——回家！回家！流浪了不知多少億劫的遊子終於就要回家了！帶著無盡漂泊中對生命深深的理解和珍重回家，帶著晶瑩的淚珠和幸福的歡笑回家……

　　祈願每一位想要回家的遊子都能閱覽到治心老師高維度的靈性畫卷，助力早日回歸！一切，盡在那無言的默……

靈韻

www.ingramcontent.com/pod-product-compliance
Lightning Source LLC
Chambersburg PA
CBHW041136110526
44590CB00027B/4037